W9-CAN-839

Gentle Bridges

Zwischen den Räumen

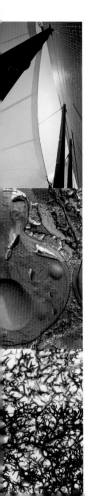

Heikkinen – Komonen
George Steinmann

Max Planck Institute of Molecular Cell Biology and Genetics Dresden

Gentle Bridges:

Architecture, Art and Science

Zwischen den Räumen:

Architektur, Kunst und Wissenschaft

R. Anthony Hyman

Gerhard Mack

Juhani Pallasmaa

Marino Zerial

WITHDRAWN
FROM
UNIVERSITY OF PENNSYLVANIA
LIBRARIES

Birkhäuser – Publishers for Architecture
Verlag für Architektur
Basel · Berlin · Boston

Photographs cover, p. 7-43, 118-119: Jussi Tiainen;
photograph p. 33: Onerva Utriainen;
photographs p. 69-74: Katrin Bergmann;
photographs of works by George Steinmann
courtesy of George Steinmann;
for photographs of other illustrations see captions

Translation German – English:
Michael Robinson, London
Translation English – German:
Thomas Menzel, Lörrach

Graphic design, typesetting and production:
Atelier Bernd Fischer, Berlin

Lithography:
LVD, Berlin
Ast+Jakob, Köniz (p. 85-94)

Printing:
Jütte-Messedruck Leipzig GmbH

Binding:
Kunst- und Verlagsbuchbinderei Leipzig

FINE ARTS
NA
6751
G48
2003

A CIP catalogue record for this book is available from the Library of
Congress, Washington D.C., USA

Bibliographic information published by Die Deutsche Bibliothek
Die Deutsche Bibliothek lists this publication in the Deutsche
Nationalbibliografie; detailed bibliographic data is available in the
Internet at <http://dnb.ddb.de>.

This work is subject to copyright. All rights are reserved, whether the whole
or part of the material is concerned, specifically the rights of translation,
reprinting, re-use of illustrations, recitation, broadcasting, reproduction on
microfilms or in other ways, and storage in data banks. For any kind of use,
permission of the copyright owner must be obtained.

© 2003 Birkhäuser – Publishers for Architecture, P.O.Box 133, CH-4010 Basel,
Switzerland
A member of the BertelsmannSpringer Publishing Group
Printed on acid-free paper produced from chlorine-free pulp. TCF ∞
Printed in Germany
ISBN 3-7643-6750-4

9 8 7 6 5 4 3 2 1

www.birkhauser.ch

UNIVERSITY
OF
PENNSYLVANIA
LIBRARIES

Inhalt

Contents

Stirnseite
Side facade

Blick durch die anliegenden Gärten
View through adjacent gardens

Zufahrt
Driveway

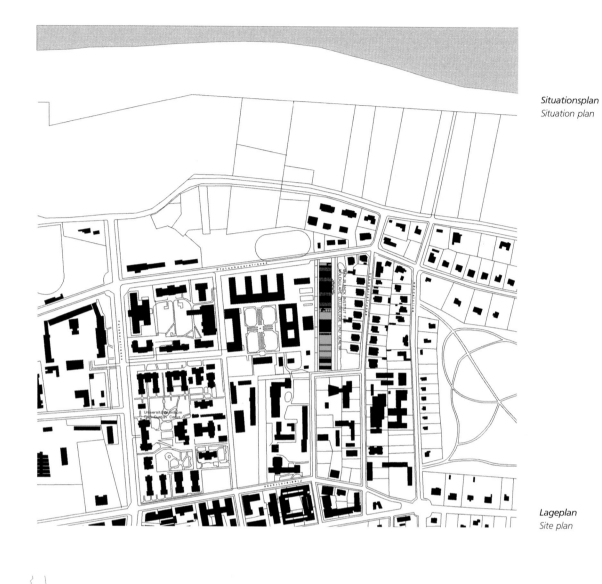

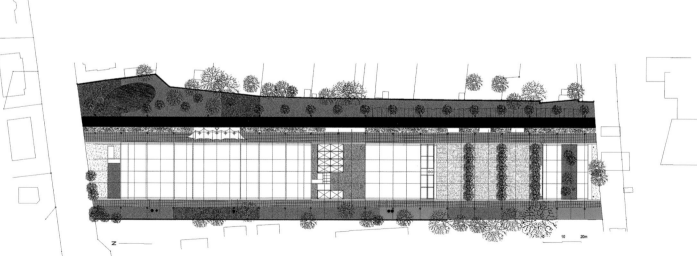

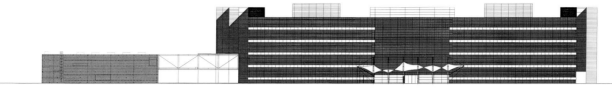

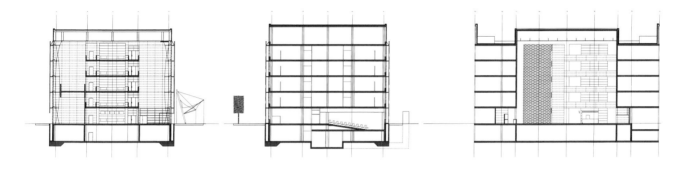

Ansicht von Osten
Schnitte Laborgebäude
East view
Sections of Laboratory building

Blick in die Umgebung
View of surrounding area

Folgende Seiten: ▶
Eingangsfassade
Following pages:
Entrance facade

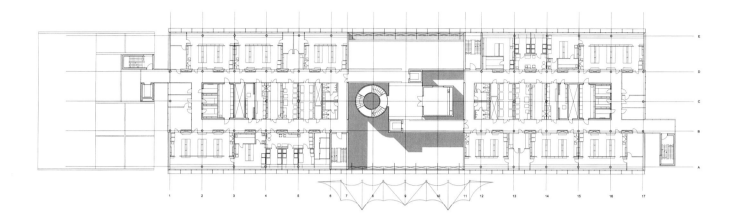

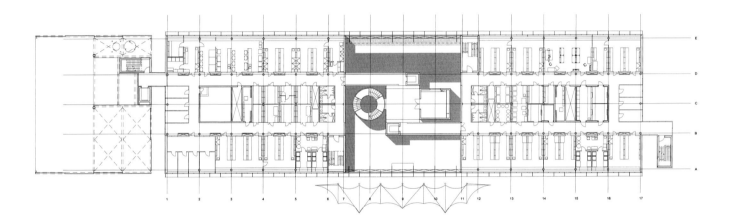

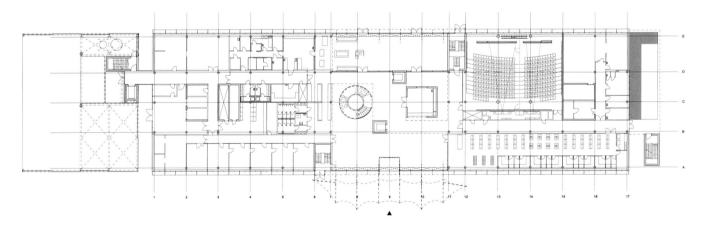

Grundrisse Laborgebäude
2. OG
1. OG
EG
Floor plans of laboratory building
2nd floor
1st floor
Ground floor

0   10   20

Zugangsweg
Access

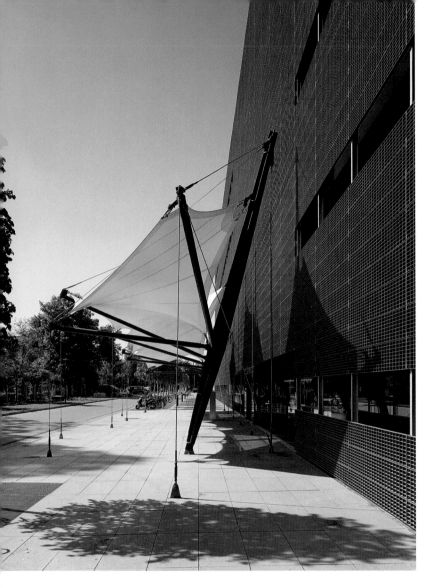

Ansicht und Aufsicht des Vordachs
Elevation and plan of canopy

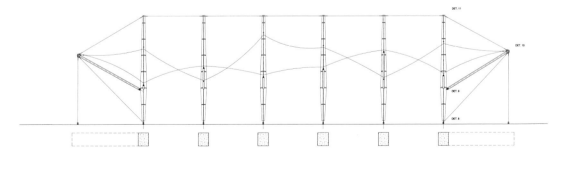

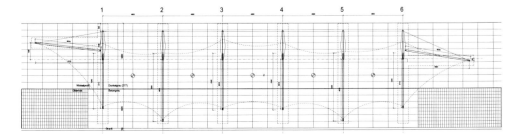

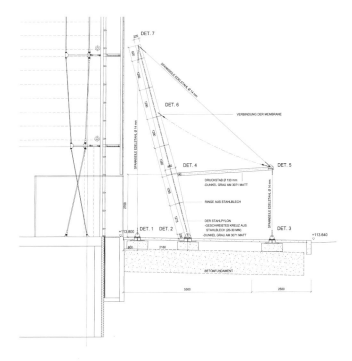

*Anschluss des Vordachs an die
Fassade*
Connection of canopy to facade

Dachaufbauten
Rooftop structures

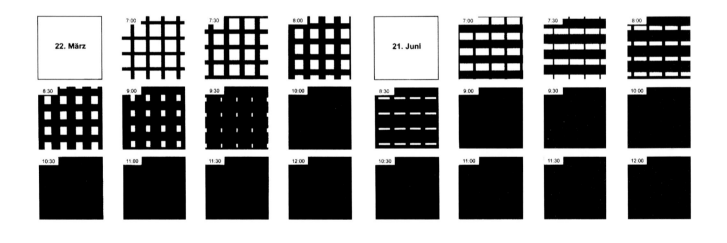

Schattenverlauf mit Fassadengitter
Shading analysis of the facade grille

Fassadengitter
Facade grille

Struktur der Fassade
Structure of the facade

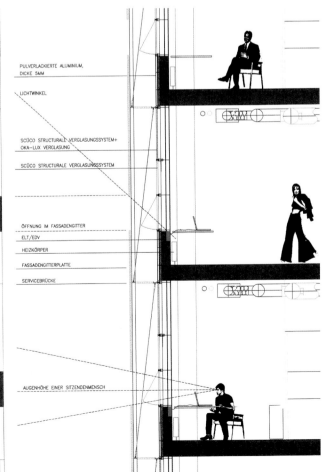

PULVERLACKIERTE ALUMINIUM, DICKE 5MM

LICHTWINKEL

SCÜCO STRUCTURALE VERGLASUNGSSYSTEM+ OKA-LUX VERGLASUNG

SCÜCO STRUCTURALE VERGLASUNGSSYSTEM

ÖFFNUNG IM FASSADENGITTER

ELT/EDV

HEIZKÖRPER

FASSADENGITTERPLATTE

SERVICEBRÜCKE

AUGENHÖHE EINER SITZENDENMENSCH

*Tierhaus: Grundrisse
1. OG, EG, UG*
Animal house: plans of
1st floor, ground floor
and basement

*Anschluß Laborgebäude und
Tierhaus*
Connection of laboratory building
to animal house

Tierhaus und Laborgebäude
Animal house and laboratory
building

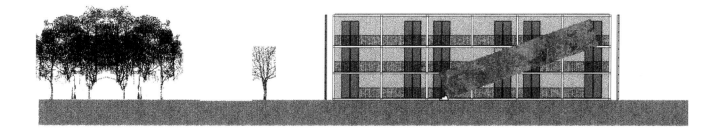

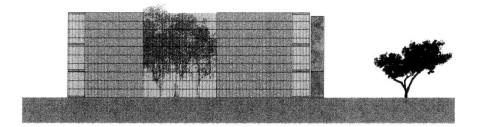

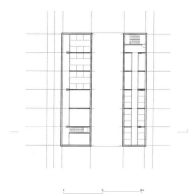

Gästehaus: Ansichten und Grundrisse OG, EG, UG
Guest house: Views and plans of upper floor, ground floor and basement

Die Kunst der Vernunft:

Nutzen, Technik und künstlerischer Ausdruck in der Architektur

von Juhani Pallasmaa

Das Reich der Wissenschaft und das Reich der Kunst

In unserer Kultur werden Wissenschaft und Kunst meist für gegensätzliche Bereiche gehalten. Wissenschaft repräsentiert die rationale und objektive Denkweise, Kunst dagegen findet in der Welt der subjektiven Erfahrungen und Empfindungen statt. Der Wissenschaft wird ein Nutzen zugesprochen, die Kunst dagegen wird als geistiger Stimulus betrachtet.

Wissenschaft und Kunst repräsentieren jedoch unterschiedliche Betrachtungsweisen der Welt und des Lebens. Steven Weinberg, der 1979 zusammen mit S. L. Glashow und A. Salam den Nobelpreis für die Vereinheitlichte Theorie der schwachen und der elektromagnetischen Wechselwirkung erhielt, wurde in einem Interview, in dem es um Komplexität und die Mysterien der neuen Physik ging, gefragt: „Wen würden Sie zur Komplexität des Lebens lieber befragen – Shakespeare oder Einstein?" Der Physiker antwortete ohne Zögern: „Wenn es um die Komplexität des Lebens geht, auf jeden Fall Shakespeare." Der Interviewer bohrte weiter: „Und nach der Einfachheit würden Sie Einstein fragen?" „Ja, um zu sehen, warum die Dinge so sind, wie sie sind – nicht, warum die Menschen so sind, wie sie sind, denn dies steht am Ende einer sehr langen Kette von Schlussfolgerungen..."[1]

Kunst drückt unsere wesentlichen existenziellen Erfahrungen aus. Jeder künstlerische Ausdruck und Eindruck beruht auf leibhaftigen Erfahrungen und der Identifikation des Selbst mit dem erfahrenen Objekt oder der Projektion des Selbst auf das Objekt. Daher weckt jede künstlerische Äußerung in uns eine ursprüngliche Form von undifferenzierter Erfahrung. Die Trennung in Subjekt und Objekt wird darin vorübergehend aufgehoben.

Das Forschen des Künstlers strebt nach einer erfahrenen und gelebten Wesensschau, und dieses Ziel definiert seine Arbeitsweise. Der existenzialistische Philosoph Jean-Paul Sartre schreibt: „Das Sein und die Tatsachen sind unvereinbar, und wer seine Suche mit Tatsachen beginnt, wird niemals das Sein der Dinge erreichen... Das Verstehen ist keine Eigenschaft, die die menschliche Realität von außen erreicht; es ist mit unserer ureigenen Existenz verwoben."[2] Der Künstler kann diese natürliche Form des Verstehens erreichen. Auch Sartres Sichtweise versteht also den grundlegenden Unterschied zwischen der empirischen wissenschaftlichen For-

The Art of Reason:

Utility, Technique and Expression in Architecture

by Juhani Pallasmaa

The Realms of Science and Art

The prevailing view in our culture makes a fundamental distinction between the worlds of science and art. Science represents the realm of rational and objective thinking, whereas art takes place in the world of subjective experiences and sensations. The first is understood to possess an instrumental value, whereas art is regarded as a form of spiritual stimulus.

Science and art, however, represent different views of the world and life. In an interview concerning the complexities and mysteries of new physics, Steven Weinberg, who won the Nobel Prize for Physics in 1979 for his unified field theory concerning electromagnetism and weak nuclear force, was asked: "Whom would you ask about the complexity of life: Shakespeare or Einstein?" "Oh, for the complexity of life, there's no question – Shakespeare," the physicist replied. The interviewer continued: "And you would go to Einstein for simplicity?" "Yes, for a sense of why things are the way they are – not why people are the way they are, because that's at the end of such a long chain of inference..."[1]

Art articulates our essential experiences in terms of our existence. All artistic effect and impact is based on embodied experiences and the identification of the self with the experienced object, or the projection of the self on the object. Therefore, any artistic experience activates in us a primordial mode of undifferentiated experience. The separation of subject and object is temporarily suspended.

The artist's exploration focuses on essences experienced and confirmed by life, and this aim defines the specific artistic approach and method. Jean-Paul Sartre, the existentialist philosopher, writes: "Essences and facts are incommensurable, and one who begins his inquiry with facts will never arrive at essences. ...understanding is not a quality coming to human reality from the outside; it is its characteristic way of existing...."[2] The artist approaches this natural mode of understanding. Sartre's view also suggests a fundamental difference between the empirical scientific inquiry and the artistic process as different ways of surveying reality.

Bridging the Gap between Science and Art

The discipline of architecture is strangely suspended between scientific rationality and artistic imagination. The functional, structural, mechanical and physical aspects of construction call for

schung und dem künstlerischen Schaffensprozess als einen Unterschied zwischen zwei Arten, die Wirklichkeit zu erkunden.

Die Brücke zwischen Wissenschaft und Kunst
Architektur als Disziplin schwebt eigentümlich zwischen der wissenschaftlichen Rationalität und der künstlerischen Vorstellungskraft. Die funktionalen, strukturellen, mechanischen und physikalischen Aspekte von Konstruktion verlangen nach wissenschaftlicher Ausbildung und rationaler Denkweise, ihre existenzielle und ästhetische Natur dagegen macht die Architektur zu einem künstlerischen Ausdruck, einem intuitiven und emotionalen Widerhall des Inneren. Wegen ihrer dualistischen Natur ist die Architektur eine „unreine" Disziplin, die zwischen zwei Bereichen der Kultur vermittelt, zwischen zwei Zielen und zwei Arten des Denkens. Architektur spannt eine Brücke zwischen diesen beiden kulturellen Reichen, die in unserer zeitgenössischen Zivilisation auseinander zu driften drohen.

„Wie wollte ein Maler oder ein Schriftsteller irgendetwas anderes ausdrücken als seine Begegnung mit der Welt", schrieb ein anderer französischer Philosoph, Maurice Merleau-Ponty.[3] In seinen zukunftsweisenden Schriften analysiert er die Verflechtung der Sinne, des Geistes und der Welt und schafft eine phänomenologische Grundlage für das Verständnis der künstlerischen Intentionalität und Wirkung. Seine Aussage trifft auch auf die Baukunst zu. Sie erkundet und strukturiert die Art und Weise, in der wir „das Fleisch der Welt" bewohnen, um einen provokativen Ausdruck Merleau-Pontys zu verwenden. Doch gleichzeitig mit der Verwandtschaft zwischen dem Künstler und dem Architekten müssen wir grundlegende Unterschiede zwischen ihnen wahrnehmen. Authentische architektonische Bilder entstehen durch eine absichtsvolle Besetzung des Raumes. Architektur ist im Wesentlichen eine Kunst des Nutzens, und ihr besonderes Wesen wird durch ihre doppelte Existenz als Werkzeug für den praktischen Gebrauch und als Kunstwerk bestimmt. Paradox können wir sagen, die Architektur sei eine Form der Kunst, und sie sei es nicht. Obwohl Architektur in den letzten Jahrzehnten neue Anregungen aus der Kunst gesucht hat, blieben ihre unterschiedlichen ontologischen Wurzeln oft unbeachtet, und Architektur wurde zur bloßen Skulptur verwandelt. In den Wechselbeziehungen der Disziplinen müssen deren ontologische Wesensunterschiede

scientific knowledge and rational approach, whereas its existential and aesthetic essence turns architecture into an artistic expression arising from intuitive and emotional responses. Due to its dualistic nature architecture is an 'impure' discipline, which mediates between two realms of culture, two objectives and two modes of thinking. Architecture forms a bridge between two realms of culture which otherwise tend to drift apart in our contemporary civilisation.

"How would the painter or the poet express anything other than his encounter with the world,"[3] wrote another French philosopher, Maurice Merleau-Ponty, whose seminal writings analyse the intertwining of the senses, the mind and the world, providing a promising phenomenological basis for the understanding of artistic intention and effect. The very same claim holds true in the art of architecture. It surveys and structures the ways in which we inhabit the 'flesh of the world', to use a provocative notion of Merleau-Ponty. However, at the same time as we recognise the affinity of artistic and architectural expressions, we have to acknowledge their fundamental differences. Authentic architectural images arise from a purposeful occupation of space. Architecture is essentially an art of utility, and its simultaneous existence as an artifact for practical use and an artistic expression defines its particular essence. Paradoxically we can argue that architecture is, and is not, a form of art. As architecture has been seeking new inspiration from the arts during the past decades, their fundamental ontological differences have often been disregarded and architecture has been turned into mere sculpture. In the interactions between disciplines, differences in their ontological essences have to be acknowledged. In his book *The ABC of Reading* Ezra Pound, the modernist poet, emphasises the importance of beginnings and echoes of ontological realities when he argues that "music begins to atrophy when it departs too far from the dance... poetry begins to atrophy when it gets too far from music."[4] Similarly, architecture weakens and turns into mere visual fabrication and rhetoric when it looses its connections with the arts, on the one hand, and the existential and mythical ground of dwelling, on the other.

The Complexities of Architecture
Buildings are usually fairly complex practical devices, made to facilitate and organise human activities. They also structure human relations, interactions, perceptions and behaviour. Architectural constructions provide important frames and horizons for understanding the world and the *conditio humana*. The

angemessen beachtet werden. In seinem Buch *Wie lesen?* betont Ezra Pound nachdrücklich die Bedeutung der Ursprünge und des Widerhalls ontologischer Gegebenheiten mit seiner Auffassung, „dass Musik anfängt zu verkümmern, wenn sie sich zu weit vom Tanz entfernt; dass Dichtung anfängt zu verkümmern, wenn sie sich zu weit von der Musik entfernt."[4] Ähnlich verkümmert auch die Architektur und wird zum bloßen rhetorischen Mach-Werk, wenn sie einerseits ihre Verbindung zur Kunst löst und andererseits ihren existenziellen und mythischen Boden verliert.

Die Komplexität der Architektur

Bauwerke sind gemeinhin recht komplexe praktische Vorrichtungen, die erschaffen worden sind, um menschliche Aktivitäten zu erleichtern und zu organisieren. Sie strukturieren gleichzeitig menschliche Beziehungen, Interaktionen, Wahrnehmungen und Verhaltensweisen. Architektonische Konstruktionen stecken den Rahmen und die Horizonte zum Verständnis der Welt und der *conditio humana* ab. Wird die Welt durch die Architektur erfahren, so ist sie eine bereits gesehene und in Konzepte gefasste Welt. Bauwerke domestizieren und strukturieren nicht nur den unbeschränkten Raum, sie gliedern darüber hinaus auch die Zeit und geben so der unendlichen „natürlichen" Zeit ihr menschliches Maß. Wir begreifen den Lauf der Geschichte und verstehen, wer wir sind, größtenteils durch die einander überlagernden Schichten menschlicher Konstruktionen.

Die Architektur verbindet vielfältige Belange und Bestrebungen, Quantitäten und Qualitäten zu einem einzigen Ausdruck. Die der Architekturtheorie innewohnenden Schwierigkeiten begründen sich in dieser Komplexität. Die Koexistenz gegensätzlicher Eigenschaften in ihr, wie der Vernunft und des künstlerischen Ausdrucks, des Materiellen und des Spirituellen, des Definierten und des Einzigartigen, des Kollektiven und des Persönlichen, ist konzeptionell schwer zu greifen. Und doch ist diese Koexistenz das Wesen künstlerischen Ausdrucks. Darüber hinaus überschreitet bedeutende Architektur immer die gegebenen Bedingungen und bewussten Absichten, indem sie Bilder einer idealen Welt projiziert. Authentische Architektur überhöht die Gegebenheiten in Richtung einer besseren, empfindsameren und humaneren Welt.

Schon in der ältesten Abhandlung über Architekturtheorie, *De architectura libri decem*, des Römers Vitruv können wir

world as experienced through architecture is a pre-viewed and pre-conceptualised world. In addition to domesticating and structuring limitless space, buildings structure time and give endless 'natural' time its human measure. We conceive the course of history and understand who we are largely through the layering of human constructions.

Architecture fuses a multitude of concerns and aspirations, quantities and qualities, into a singular expression. The innate difficulties of architectural theory arise from this very complexity. The coexistence of distinct polarities, such as reason and poetic expression, the material and spiritual, specific and unique, collective and personal, is difficult to grasp conceptually. Yet, the coexistence of opposites is the very essence of artistic expression. What is more, meaningful architecture always transcends its given conditions and conscious intentions, as it projects images of an ideal world. Authentic architecture idealises given conditions towards a more perfect, sensitive and humane world.

Already the oldest treatise on architectural theory, *De Architectura* by the Roman theorist Vitruvius, recognises this layeredness of architecture, as he lists the multitude of areas of human knowledge required of an architect: "Let him be educated, skilful with the pencil, instructed in geometry, optics, and arithmetic, know much history, have followed the philosophers with attention, understand music, have some knowledge of medicine, know the opinions of the jurists, and be acquainted with astronomy and the theory of the heavens."[5]

In Search of Scientific Ground

Throughout history there have been deliberate attempts to turn architecture from an artistic craft into a scientific discipline. According to a tradition which continued from Antiquity through Renaissance, arithmetic – the study of numbers, geometry – the study of spatial relations, astronomy – the study of the movements of celestial bodies, and music – the study of the audible movements of sound, formed the *quadrivium* of the arts and had a special status; in the language of the times, 'the arts' actually implied 'the sciences'. Painting, sculpture and architecture were considered mere crafts. In order to be regarded as one of the esteemed disciplines, the latter professions needed a mathematical basis to be found in the theory of music. Consequently, architecture was connected to the theory of musical harmony. The tradition of proportional harmony actually goes back to Pythagoras, and constitutes the longest scientific tradition in the western world. In our time there are similar studies, such as the

über diese unterschiedlichen Aspekte der Architektur lesen. Vitruv listet die verschiedenen Wissensgebiete auf, in denen ein Architekt bewandert sein muß: „Er muß fertig sein mit der Feder, geschickt im Zeichnen, der Geometrie kundig, in der Optik nicht unwissend, in der Arithmetik unterrichtet, in der Geschichte bewandert, die Philosophen fleißig gehört haben, Musik verstehen, von Medizin Kenntnis haben, mit der Rechtsgelehrtheit bekannt seyn und die Sternkunde sammt dem Himmelslaufe erlernt haben."[5]

Auf der Suche nach einer wissenschaftlichen Grundlage
Immer wieder wurde versucht, Architektur von einem künstlerischen Handwerk in eine wissenschaftliche Disziplin zu verwandeln. Gemäß einer Tradition, die sich von der Antike bis zur Renaissance erstreckte, bildeten die Arithmetik (die Theorie der Zahlen), die Geometrie (die Lehre von den räumlichen Beziehungen), die Astronomie (das Studium der Himmelskörper und ihrer Bewegungen) und die Musik (die Theorie der hörbaren Bewegungen des Tons) das *quadrivium* der Kunst und besaßen einen besonderen Status. In der Sprache der damaligen Zeit schlossen die *artes* die Wissenschaft mit ein. Malerei, Bildhauerei und Architektur wurden als bloße Handwerke betrachtet. Um zu den geachteten Disziplinen gezählt zu werden, benötigten diese Berufe eine mathematische Grundlage, die sich in der Theorie der Musik fand. Folglich wurde die Architektur mit der Harmonielehre verbunden. Die Harmonie der Proportionen geht bereits auf Pythagoras zurück und gilt als älteste wissenschaftliche Tradition in der westlichen Welt. Heute existieren ähnliche Anknüpfungsversuche, wie der Modulor von Le Corbusier, das Zahlenmuster von Ezra Ehrenkrantz und das Kanon-60-System der harmonischen Proportionen des finnischen Architekten und Theoretikers Aulis Blomstedt. Sie alle entspringen dem langwährenden Wunsch, den subjektiven Bereich der Ästhetik in ein objektives und rationales System zu verwandeln.[6]

Im frühen 19. Jahrhundert entwickelte J. N. L. Durand ein System der Architektur. Es ähnelt Lavoisiers Einteilung der chemischen Phänomene oder Linnés Klassifikation der Flora. Wie die meisten Wissenschaftler seiner Zeit glaubte auch Durand, dass jede Disziplin auf eine Sprache reduziert werden könne, die wiederum ihre weitere Entwicklung bestimmen würde. Er versuchte, seine architektonischen Regeln auf eine solide Grundlage zu stellen, indem er sie von den

Modulor of Le Corbusier, the Number Pattern by Ezra Ehrenkrantz, and the Canon 60 system of harmonic numbers by the Finnish architect and theoretician Aulis Blomstedt, which continue the desire to turn the subjective field of aesthetics into an objective and rational system.[6]

In the early 19th century J.N.L. Durand developed a systematic approach to architecture similar to Lavoisier's classification of chemical phenomena or Linnaeus's classification of flora. Like most scientists of the period, Durand believed that any discipline could be reduced to a language, which in turn would determine its further development. He tried to build his architectural canons on a solid foundation by keeping them apart from "the errors of religion, tradition and superstition". Durand's idea was that the architectural elements of his system could be combined both in the vertical and the horizontal dimensions in a purely rational manner.[7]

The functionalist theories of the 1920s and 30s also aspired to turn the design process into a rational operation. This rationalist attitude culminated in Hannes Meyer's ultra-materialist equation: ARCHITECTURE = FUNCTION x ECONOMICS.[8] Even Alvar Aalto, who later became the most outspoken critic of functionalism and rationalism, promoted scientific rationality in the early 1930s. "I do not believe that it is sensible to concentrate on synthesis in tackling an architectural assignment …. The Functionalist architect is an entirely different professional type from the old-style architect. In fact he is not an architect at all; he is a social administrator."[9] Five years later, however, he supported equally enthusiastically an approach of artistic synthesis based on the psychological dimensions of architecture.

Christopher Alexander's influential *Pattern Language* is the most recent attempt to elevate architectural design from subjective and non-structured creativity into the rational application of a set of distinct patterns or structures derived from the study of human behaviour and psychology. Regardless of all these attempts to turn architectural design into a scientific method, however, it has always stuck to its artistic essence.

Theories of modern art and architecture have argued that art articulates and represents the same structures of reality as contemporary science. Cubism and functionalism, for instance, were seen as representations of the Einsteinian space-time continuum. Other writers have pointed out the similarities between modern paintings and the images produced by scientific research. Such comparisons could also be drawn between the microscopic and the macroscopic, the organic and the inorganic, the natural and

„Fehlern der Religion, der Tradition und des Aberglaubens" absetzte. Durands Idee bestand darin, dass die (Bau-)Teile seines Systems sowohl in vertikaler als auch horizontaler Richtung in einer rein rationalen Art und Weise kombiniert werden können.[7]

Auch die funktionalistischen Theorien der zwanziger und dreißiger Jahre wollten den Gestaltungsprozess in eine rationale Operation umwandeln. Diese rationalistische Haltung fand ihren Höhepunkt in Hannes Meyers ultramaterialistischer Gleichung ARCHITEKTUR = FUNKTION x ÖKONOMIE.[8] Sogar Alvar Aalto, der später zum heftigsten Kritiker des Funktionalismus und Rationalismus wurde, unterstützte in den dreißiger Jahren die wissenschaftliche Rationalität: „Ich halte es nicht für vernünftig, sich bei einer architektonischen Aufgabe auf die Synthese zu konzentrieren.... Der funktionalistische Architekt unterscheidet sich in seiner professionellen Auffassung vollkommen vom Architekten alter Schule. Tatsächlich ist er gar kein Architekt, sondern ein sozialer Verwalter."[9] Fünf Jahre danach propagierte er jedoch gleichermaßen enthusiastisch eine künstlerische Synthese, die auf den psychologischen Dimensionen der Architektur basierte. Christopher Alexander unternahm in seinem einflussreichen Werk *A pattern language* (deutsch: *Eine Mustersprache*) den jüngsten Versuch, den architektonischen Entwurf aus der subjektiven Kreativität in die rationale Anwendung eines Regelwerks zu erheben, das vom Studium des menschlichen Verhaltens und der menschlichen Psychologie hergeleitet wird. Trotz all dieser Versuche, architektonisches Entwerfen in eine wissenschaftliche Methode zu verwandeln, ist es letztlich doch immer seinem künstlerischen Kern verhaftet geblieben. Theorien moderner Kunst und Architektur haben behauptet, dass die Kunst dieselben Strukturen der Realität ausdrücke und repräsentiere wie die zeitgenössische Wissenschaft. So wurden der Kubismus und der Funktionalismus als Repräsentationen des Einsteinschen Raum-Zeit-Kontinuums angesehen. Andere Autoren haben auf die Ähnlichkeiten hingewiesen, die zwischen moderner Malerei und den Bildern bestehen, die durch wissenschaftliche Arbeit entstehen. Derartige Vergleiche lassen sich auch vom Mikroskopischen zum Makroskopischen, vom Organischen zum Anorganischen und vom Natürlichen zum kulturell Geschaffenen ziehen. Wie inspirierend sie auch sein mögen, sie stützen sich meist doch lediglich auf Ähnlichkeiten des äußeren Bildes statt auf das Wesentliche.

the man-made. However thought-provoking and stimulating such comparisons may be, they refer more often than not to mere similarities of visual appearance rather than essential correspondences.

And yet scientific thinking might not be categorically as different from artistic creativity as is commonly assumed. Both modes of thought seem to utilise unconscious, embodied processes, and aesthetic pleasure is equally essential to both. Albert Einstein's famous account of the visual and muscular ingredients in his mathematical thinking[10] offers an authoritative example of this similarity. The artist 'thinks' as much through his/her body and hands as through the intellect.

Animistic Thought

The entire scholarly and literary oeuvre of the unorthodox French philosopher Gaston Bachelard mediates between the worlds of scientific and artistic thinking. Bachelard began his career as a philosopher of science, but halfway through his life he turned to a phenomenological survey of poetic imagery. He wrote penetrating phenomenological studies of the classical elements – earth, fire, water and air. These studies reveal that poetic imagination is closely related to the pre-scientific image of the world. In his book *The Philosophy of No: A Philosophy of the New Scientific Mind*,[11] written in the period when his interest was moving from scientific phenomena to poetic imagery, Bachelard described the development of scientific thought as a transition from animism through realism, positivism, rationalism and complex rationalism to dialectical rationalism.[12] "The philosophical evolution of a special piece of scientific knowledge is a movement through all these doctrines in the order indicated,"[13] he argues.

Significantly, artistic thinking proceeds in the opposite direction. It goes back from the realist and rational attitude towards a mythical and animistic understanding of the world. Science and art therefore seem to move past each other in opposite directions. Whereas scientific thought progresses and differentiates, artistic thought seeks to return to a de-differentiated and experientially singular world. Artistic imagination seeks images that are able to express the entire complexity of human existential experience through a single condensed image. This paradoxical task is achieved through poeticised images, which are experienced and lived rather than understood. A work of art or architecture is not a symbol that represents or indirectly portrays something outside itself. It is an image object that places itself directly in our existential

Dennoch ist die wissenschaftliche Denkweise vielleicht nicht so kategorisch von der künstlerischen Kreativität unterschieden, wie gemeinhin angenommen wird. Beide Denkweisen scheinen unbewusste, einverleibte Vorgänge für sich zu nutzen, und ästhetisches Wohlgefallen ist für beide wesentlich. Albert Einsteins berühmter Bericht über die visuellen und körperlichen Aspekte seiner mathematischen Denkweise stellt ein gelungenes Beispiel dieser Ähnlichkeit dar.[10] Der Künstler „denkt" genauso viel durch seinen Körper und seine Hände wie durch seinen Intellekt.

Animistisches Denken

Das literarische Werk des unorthodoxen französischen Philosophen Gaston Bachelard vermittelt zwischen den Welten des wissenschaftlichen und des künstlerischen Denkens. Bachelard war zunächst Wissenschaftsphilosoph, wandte sich aber in seiner Lebensmitte einem phänomenologische Überblick der poetischen Vorstellungkraft zu. Er schrieb phänomenologische Studien über die klassischen Elemente Erde, Feuer, Wasser und Luft. Diese Studien besagen, poetische Vorstellungskraft sei eng mit dem vorwissenschaftlichen Bild der Erde verwandt. Bachelards Buch *Die Philosophie des Nein* wurde in jener Zeit geschrieben, in der sich sein Interesse weg von wissenschaftlichen Phänomenen und hin zu einer poetischen Vorstellungskraft bewegte.[11] Er stellt die Entwicklung des wissenschaftlichen Denkens als einen Weg vom Animismus durch Realismus, Positivismus, Rationalismus und komplexen Rationalismus hin zum dialektischen Rationalismus dar.[12] „Die philosophische Entwicklung eines speziellen Bereichs der wissenschaftlichen Erkenntnis ist eine Bewegung durch alle diese Doktrinen in der hier aufgeführten Reihenfolge."[13]

Bezeichnenderweise bewegt sich künstlerisches Denken in die entgegengesetzte Richtung. Es geht hinter die realistische und rationale Haltung zurück zu einem mythischen und animistischen Verständnis der Welt. Wissenschaft und Kunst scheinen sich insofern in unterschiedlichen Richtungen aneinander vorbeizubewegen. Während die wissenschaftliche Denkweise voranschreitet und differenziert, versucht die künstlerische Denkweise, zu einer undifferenzierten und singulär erfahrenen Welt zurückzukehren. Die künstlerische Vorstellungskraft sucht Formen, die die gesamte Komplexität der menschlichen Erfahrung in einem einzigen verdichteten Bild ausdrücken können. Diese paradoxe Aufgabe

experience. "The [artistic] image is not a certain meaning expressed by the director, but an entire world reflected as in a drop of water,"[14] as the Russian film director Andrei Tarkovsky writes.

The artist and the architect both look at the world with innocent eyes, and project a sense of life to the inanimate and a soul to the material. The artistic eye, ear and sense of touch experience material entities as movements, interactions and dialogues. This is the reason why the simplest artistic or architectural image is an embodied metaphor, which directs our consciousness to heightened existential experience. An excerpt from an essay by the Nobel laureate poet Joseph Brodsky, in which he describes his home town of St. Petersburg, provides an eloquent example of this process of animation: "The twelve-mile-long Neva branching right in the centre of the town … provides this city with such a quantity of mirrors that narcissism becomes inevitable. Reflected every second by thousands of square feet of running silver amalgam, it's as if the city were constantly being filmed by its river, which charges footage into the Gulf of Finland, which, on a sunny day, looks like a depository of these blinding images. The inexhaustible, maddening multiplication of all these pilasters, colonnades, porticoes hints at the nature of this urban narcissism, hints at the possibility that at least in the inanimate world, water may be regarded as a condensed form of time."[15]

The poet gives a life and a soul to a city, river and materials as well as elements of architecture. This animistic world of the poet is also the world of the painter, composer, film director and architect. In this artistic consciousness we are in constant interaction, exchange and dialogue with the world; I exist in the world and the world takes place in me. In fact, we lend inanimate matter and form our sense of life, empathy and compassion.This is also the mental state which gives rise to authentic architectural images, regardless of the essential filter of reason. As a consequence, the discipline of architecture contains a fissure; one part of it wants to advance along with scientific thought and technological development, the other focuses on the eternal enigma of human existence, and rather regresses to an earlier mode of human consciousness.

An Architecture of Reason

The first building by the Finnish architect duo Mikko Heikkinen and Markku Komonen to arouse international interest was, appropriately and symbolically, the Finnish Science Centre in Helsinki (1988). During the subsequent decade and a half they have projected and realised a series of buildings which explore the boun-

wird durch poetisierende Bilder gelöst, die nicht verstanden, sondern erfahren und gelebt werden. Ein Kunstwerk oder eine Architektur sind keine Symbole, die etwas Außenstehendes repräsentieren oder indirekt porträtieren. Sie sind als ein Bildobjekt zu begreifen, das sich selbst direkt in unsere existenzielle Erfahrung stellt. „Das Bild ist nicht etwa dieser oder jener hierdurch vom Regisseur ausgedrückte Sinn, sondern eine ganze Welt, die sich in einem Wassertropfen spiegelt", schreibt der russische Filmregisseur Andrej Tarkowskij.[14]

Künstler und Architekt betrachten die Welt mit unschuldigen Augen. Sie projizieren einen Lebenssinn in das Leblose und eine Seele in das Materielle. Auge, Ohr und Tastsinn des Künstlers erfahren materielle Einheiten als Bewegungen, Interaktionen und Dialoge. Aus diesem Grund ist selbst das einfachste künstlerische oder architektonische Bild eine mit Leben erfüllte Metapher, die unser Bewusstsein zu höherer existenzieller Erfahrung leitet. Ein Auszug aus einem Essay des Literaturnobelpreisträgers Joseph Brodsky, in dem er seine Heimatstadt Sankt Petersburg beschreibt, ist ein beredtes Beispiel für diesen Belebungsprozess: „Zwanzig Kilometer des Newa-Flusses innerhalb der Stadtgrenzen…garantieren der Stadt eine Wasserspiegelung, die unausweichlich zum Narzissmus führt. Sekunde für Sekunde sich in den abertausend Quadratmetern fließenden silbrigen Amalgams spiegelnd, wird die Stadt gleichsam ständig von der Newa abgelichtet, und diese Film-Bilder ergießen sich in den Finnischen Meerbusen, der an einem sonnigen Tag wie ein Sammelbecken all der hell glitzernden Abbilder wirkt.…Die unerschöpfliche, zum Wahnsinn treibende Vervielfältigung all der Pilaster, Kollonaden, säulengeschmückten Portale weist auf die Natur dieses zu Stein gewordenen Narzissmus hin, auf die Möglichkeit, dass – wenigstens in der unbeseelten Welt – Wasser als verdichtete Zeit betrachtet werden kann."[15]

Der Dichter haucht einer Stadt, einem Fluss, Materialien wie auch architektonischen Elementen Leben ein. Diese animistische Welt des Dichters ist auch die Welt des Malers, des Komponisten, des Filmregisseurs und des Architekten. In diesem künstlerischen Bewusstsein befinden wir uns in konstantem Austausch und Dialog mit der Welt. Ich existiere in der Welt, und die Welt findet in mir statt. Wir schenken lebloser Materie und Form unseren Lebenssinn, unsere Einfühlung und unser Mitgefühl. Aus diesem mentalen Zustand heraus entstehen, ungeachtet des Filters der Vernunft,

daries and interactions between the disciplines of architecture, science and art. Many of their projects directly apply demonstrations or interpretations of scientific phenomena, from celestial movements to geology and spectrography. More importantly, however, their work aims at scientific rationality and a meticulous precision in their choices and moves. Their work comprises a wide range of building types: cultural centres and museums, airport structures, film and media institutes, office buildings, an embassy, an emergency service college, residential buildings, stabilised earth constructions in Africa, etc. They have also expanded their scope to an increasingly international field and defined their characteristic architectural expression. In consequence, their projects can be seen as a succession of variations and further developments of certain spatial, organisational, structural and modular themes. These strategies have already turned into their signature style.

The newly inaugurated research laboratory building for the Max Planck Institute of Molecular Cell Biology and Genetics in Dresden [16], in cooperation with HENN Architekten Ingenieure, arises from a rationalist and minimalist view of architecture. The basic ensemble of a laconic row of three different rectangular units makes one recall Donald Judd's linear wall sculptures. The basic plan concept of the main building is a logical formula, reminiscent of a scientific equation in its conceptual compression. The scheme articulates the behavioural and experiential sequence: approach – entry – public space – interactive spaces of the research teams – collective units of the teams – individual research spaces. The individual researcher is not left in the isolation of his/her cell, but integrated with the collective of the scientific community. The overall atmosphere is that of communication, exchange, dialogue and stimulus. The architectural language speaks of efficiency and clarity combined with a sense of spontaneity. The playful tent structure in front of the huge metal screen marks the point of entry and strikes a welcoming and informal cord suggesting a relaxing rather than stressful atmosphere. Movements of people and materials, mechanical systems, services, etc. follow equally rational patterns. The rigorous modular system facilitates assembly, maintenance and flexibility. Building details derive from the very logic of construction - bolts, screws and connectors are revealed and they articulate further images of a universal modular grid. The technological logic gives rise to a concept of the laboratory and research institute as a refined machine or instrument. The architects themselves have compared the building to a high-tech appliance or a microcircuit on a silicon chip.

authentische architektonische Bilder. Aus diesem Grund zieht sich ein Riss durch die Disziplin Architektur; ein Teil von ihr will mit wissenschaftlichem Gedankengut und technologischer Entwicklung vorankommen, der andere konzentriert sich auf das ewige Rätsel der menschlichen Existenz und zieht sich in eine frühere Form des menschlichen Bewusstseins zurück.

Eine Architektur der Vernunft
Das erste Gebäude des finnischen Architektenduos Mikko Heikkinen und Markku Komonen, das internationales Interesse weckte, war – und das hat symbolische Bedeutung – das Finnische Wissenschaftszentrum in Helsinki aus dem Jahr 1988. In den folgenden fünfzehn Jahren haben die beiden zahlreiche Gebäude entworfen und realisiert, die die Grenzen und Wechselbeziehungen zwischen Architektur, Wissenschaft und Kunst erkunden. Viele ihrer Projekte demonstrieren oder interpretieren wissenschaftliche Phänomene, von den Bewegungen der Himmelskörper bis zu Geologie und Spektrografie. Wichtiger ist noch, dass sie in ihrer Arbeit auf wissenschaftliche Rationalität und größte Präzision Wert legen. Ihr Werk umfasst ganz unterschiedliche Bautypen: Kulturzentren und Museen, Flughäfen, Film- und Medieninstitute, Bürogebäude, eine Botschaft, eine Schule für Notfalldienste, Wohnhäuser, stabilisierte Erdbauten in Afrika und vieles mehr. Sie haben ihre internationale Tätigkeit ausgedehnt und ihren charakteristischen architektonischen Ausdruck gefunden. Folglich können ihre Projekte als Variationen und Weiterentwicklungen bestimmter räumlicher, organisatorischer, struktureller und modularer Themen gesehen werden. Diese Strategien sind zu ihrem Markenzeichen geworden.
Das kürzlich eröffnete Forschungs- und Laborgebäude des Max-Planck-Instituts für Molekulare Zellbiologie und Genetik in Dresden, das in Zusammenarbeit mit HENN Architekten Ingenieure entstand, zeugt von einer rationalistischen und minimalistischen Sichtweise der Architektur.[16] Das aus einer lakonischen Reihe von drei unterschiedlichen orthogonalen Bauteilen bestehende Ensemble erinnert an Donald Judds lineare Wandskulpturen. Das grundlegende Konzept des Hauptgebäudes ist eine logische Formel, die in ihrer knappen

Heikkinen – Komonen
Schule für Notfallpersonal,
Kuopio, Finnland, 1995

Emergency services college,
Kuopio, Finland, 1995

Complexities of Simplicity
At the same time, these rational strategies turn into metaphors of order and the mental essence of space. The dynamic interplay of huge and small, universal and local, repetitious and unique, turns into an embodied language. Seriality creates a fascinating and at the same time, calming effect. Serial repetition is essential in the language of architecture at large – think of the majestically repetitious facade of the Procuratiae Vecchie on St. Mark's Square in Venice – but also central as a strategy of today's minimalist sculpture and painting. The reductive aesthetic of minimalism is based on distinct qualities of the human perceptual mechanism and their emotive effects. Sol LeWitt, one of the leading proponents of minimalism in American art, explains the use of monotony and lack of unique character in artistic expression: "The most interesting characteristic of the cube is that it is relatively uninteresting. Compared to any other three-dimensional form, the cube lacks any aggressive force, implies no motion, and is least emotive. Therefore it is the best form to use as a

Heikkinen – Komonen
Europäisches Filmkolleg,
Ebeltoft, Dänemark, 1993

European Film College,
Ebeltoft, Denmark, 1993

basic unit for any more elaborate function, the grammatical device from which the work may proceed."[17] This philosophy of reduction and neutrality is also the artistic logic in the work of Heikkinen – Komonen.

The architecture of the Max Planck Institute contains a number of surprising metamorphoses. The tectonic principles of architectural assembly turn into sublime beauty. The central space is a void, a crater or canyon, almost beyond scale, which is articulated by floor trays, corridors and dramatic vertical elements. Ambiguities of scale and transparency of surfaces create experiences of vertigo and uncertainty. The double helix of the main staircase makes an explicit reference to the model of the gene, whereas other elements communicate through the language of scale, distance, mass, weight, transparency, movement and tactility. The sublime screens in front of the long facades reduce solar heat gain and visual glare, but the alternating opening and closing of the surfaces in response to one's movement, also turns the building into a kinetic and kinaesthetic experience, a play of solidity and transparency, depth and surface, object and ground. The gradual blending of the green colour of the steel lattice and the blue background of the walls provides a sensual and invigorating experience suggestive of the sculptural works of Robert Irwin, based on transparency, immateriality and layering of surfaces.

This is an architectural language cleansed of all sentimentality and references to given architectural symbolisations. Logic transforms into metaphysical meaning, practicality turns into aesthetics and utility into conceptuality. Clarity leads to complexity, rationality to passion, reason to poetry. The boundary line between these opposites becomes intellectually and emotionally charged. The ensemble makes one recall Paul Valéry's beautiful exclamation: "Qu'est-ce qu'il y a de plus mystérieux que la clarté – Is there anything more mysterious than clarity?"[18]

The Meaning of Tradition

Scientific and artistic thinking both advance within their respective traditions. Thought does not take place in isolation. We are fundamentally historical beings, and our products have their own historicities. The common presentation of both scientific advances and artistic creations as discontinuous and individual discoveries distorts the understanding of the evolution of thought. In his seminal essay *Tradition and the Individual Talent*, T. S. Eliot, one of the greatest poets of the 20th century, eloquently points out the collective nature of human creation: "Tradition ... cannot be inherited, and if you want it you obtain it by great labour. It

Formulierung an eine wissenschaftliche Gleichung erinnert. Seine Struktur folgt der Sequenz der durchlaufenen Handlungen und Erfahrungen: Annäherung – Eingang – öffentlicher Bereich – interaktive Räume der Forscherteams – kollektive Einheiten der Teams – individuelle Forschungsräume. Der einzelne Forscher wird nicht in der Isolation seiner Zelle zurückgelassen, sondern in das Kollektiv der wissenschaftlichen Gemeinde integriert. Die vorherrschende Atmosphäre ist Kommunikation, Austausch, Dialog und Anregung. Die architektonische Sprache drückt Effizienz und Klarheit aus, die mit einem Sinn für Spontanität gepaart sind. Die spielerische Zeltstruktur vor der riesigen Metallwand markiert den Eingangspunkt und wirkt einladend und ungezwungen, so dass die Atmosphäre entspannt statt angespannt ist. Die Bewegungen von Menschen und Materialien, mechanische Systeme, Diensträume usw. folgen ebenso rationalen Mustern. Das strikt modulare System vereinfacht den Bau, die Unterhaltung und die Flexibilität des Gebäudes. Seine Details leiten sich aus der Logik der Konstruktion her – Bolzen, Schrauben und Verbindungselemente liegen offen und verstärken den Eindruck eines universellen modularen Gitters. Diese technologische Logik führt zu einem konzeptionellen Verständnis des Labor- und Forschungsinstituts als verfeinerter Maschine, als Instrument. Die Architekten haben das Gebäude mit einem Hightech-Instrument und einem Mikroschaltkreis auf einem Siliziumchip verglichen.

Die Komplexität des Einfachen

Diese Strategien werden gleichzeitig zu Metaphern der Ordnung und des geistigen Wesens des Raumes. Das dynamische Zusammenspiel zwischen Großem und Kleinem, Universellem und Lokalem, Wiederholtem und Einmaligem wird zu einer – körperlichen – Sprache. Serialität wirkt zu-

Heikkinen – Komonen
Heureka – Finnisches Wissenschaftszentrum, Vantaa, Finnland, 1988

Heureka – Finnish Science Center,
Vantaa, Finland, 1988

gleich faszinierend und beruhigend. Serielle Wiederholungen sind wichtig für die Sprache der Architektur – man denke an die majestätische Fassade des Palazzo Vecchio auf dem Markusplatz in Venedig –, bilden aber auch die zentrale Strategie minimalistischer Bildhauerei und Malerei. Die reduzierende Ästhetik des Minimalismus basiert auf bestimmten Eigenschaften des menschlichen Wahrnehmungsmechanismus´ und ihren Wirkungen auf die Gefühle. Sol LeWitt, einer der führenden Verfechter des Minimalismus in der amerikanischen Kunst, erklärt die Verwendung der Monotonie und den Verzicht auf den einzigartigen Charakter im künstlerischen Ausdruck so: „Die interessanteste Eigenschaft des Kubus ist, dass er relativ uninteressant ist. Im Gegensatz zu jedem anderen dreidimensionalen Körper fehlt dem Kubus jegliche aggressive Kraft, er impliziert keine Bewegung und ist am wenigsten gefühlsbetont. Daher besitzt er die beste Gestalt als Basiseinheit für komplizierte Funktionen, er ist das grammatikalische Werkzeug, aus dem das Werk entstehen mag."[17] Diese Philosophie der Reduktion und Neutralität ist auch die künstlerische Logik im Werk von Heikkinen und Komonen.

Die Architektur des Max-Planck-Instituts trägt einige überraschende Metamorphosen in sich. Tektonische Prinzipien des architektonischen Aufbaus bringen sublime Schönheit hervor. Der zentrale Raum ist eine Leere, ein Krater oder ein Canyon, nahezu außerhalb jeglichen Maßstabs, gegliedert durch Geschossdecken, Korridore und spektakuläre Vertikalen. Vieldeutigkeiten in Maßstab und Transparenz der Flächen erzeugen Schwindel und Unsicherheit. Die Doppelhelix der Haupttreppe ist eine explizite Referenz an das Modell eines Gens, während sich andere Elemente durch die Sprache des Maßstabs, des Abstands, der Masse, des Gewichts, der Transparenz, der Bewegung und der Taktilität mitteilen. Der gebäudehohe Sonnenschutz-Gitterrost vor den langen Fassaden reduziert die Sonnenhitze und Blendung, aber zugleich erfährt man in der Bewegung das Gebäude kinetisch und kinästhetisch durch den Wechsel von offenen und geschlossenen Abschnitten, in einem Spiel von Festigkeit und Transparenz, Tiefe und Oberfläche, Objekt und Grund. Das allmähliche Verschmelzen der grünen Farbe des Stahlgitters mit dem blauen Hintergrund der Wände erzeugt eine sinnliche kräftige Erfahrung und lässt an die Skulpturen Robert Irwins denken, die auf Transparenz, Immaterialität und der Überlagerung von Oberflächen basieren.

involves, in the first place, the historical sense ... and the historical sense involves the perception not only of the pastness of the past, but of its presence; the historical sense compels a man to write not merely with his own generation in his bones, but with a feeling that the whole of literature ... has a simultaneous order. This historical sense, which is a sense of the timeless as well as of the temporal and of the timeless and of the temporal together, is what makes a writer traditional and it is at the same time what makes a writer most acutely conscious of his place in time, of his own contemporaneity."[19]

Significant architectural works are collaborations, not only in the obvious sense of being conceived and constructed by numerous individuals, but also collaborations with the history of architecture. In his book *The Art of the Novel*, Milan Kundera argues that good novels are always wiser than their writers, because good writers listen to the wisdom of the novel.[20] Similarly, good architects listen to the wisdom of architecture, and they fuse innovation with a sense of tradition. Modernism is often accused of an arrogant disregard for history. It was not, however, a non-historical movement without a sense of tradition. Modernism is a dialectical position of questioning reality, which evokes the past through the processes of denial and contrast. In the sense of T. S. Eliot's view modernity resurrects tradition and gives it a new reading and significance.

Architecture, like all arts, is simultaneously autonomous and culture-bound. It is bound to its era in the sense that tradition and the cultural context provide the basis for individual creativity, and it is autonomous in the sense that an authentic expression is never simply a response to prescribed expectations or definitions. A fundamental existential mystery is at the core of architecture, and the confrontation of this mystery is always unique and autonomous, totally independent of the specifications of the "social commission".

Diese architektonische Sprache ist frei von allen Sentimentalitäten und Referenzen an vorgegebene architektonische Symbolisierungen. Logik verwandelt sich in metaphysische Bedeutung, Praktisches in Ästhetik, Nützlichkeit in Konzeption. Klarheit mündet in Komplexität, Rationalität in Leidenschaft, Vernunft in Poesie. Das Grenzland zwischen diesen Gegensätzen wird intellektuell und emotional aufgeladen. Das Ensemble ruft Paul Valérys schönes Wort in Erinnerung: „Qu'est-ce qu'il y a de plus mystérieux que la clarté?" – Gibt es etwas Geheimnisvolleres als die Klarheit?[18]

Die Bedeutung der Tradition

Sowohl die wissenschaftliche als auch die künstlerische Denkweise bewegen sich innerhalb ihrer jeweiligen Tradition fort. Denken findet nicht in der Isolation statt. Wir sind von Grund auf historische Geschöpfe, und unsere Produkte besitzen ihre eigene Geschichte. Die verbreitete Darstellung wissenschaftlicher Fortschritte und künstlerischer Schöpfungen als unzusammenhängende und individuelle Entdeckungen verdreht das Verständnis von der Evolution des Denkens. In seinem folgenreichen Essay *Tradition and the Individual Talent* von 1919 weist T. S. Eliot, einer der größten Dichter des 20. Jahrhunderts, wortmächtig auf die kollektive Natur menschlicher Schöpfungen hin: „Tradition... kann nicht geerbt werden, und wenn man sie sich aneignen will, ist dies mit viel Arbeit verbunden. Sie betrifft an erster Stelle den historischen Sinn... und der historische Sinn verlangt nicht nur die Wahrnehmung der Vergangenheit als Vergangenheit, sondern auch ihrer Gegenwärtigkeit; der historische Sinn zwingt den Menschen, nicht nur vor dem Hintergrund seiner eigenen Generation zu schreiben, sondern mit dem Gefühl, dass die gesamte Literatur... eine gleichzeitige Ordnung besitzt. Dieser historische Sinn, der zugleich ein Sinn für das Zeitlose und das Zeitliche und für das Zeitlose und Zeitliche zusammen ist, ist es, der einen Schriftsteller in eine Tradition stellt, und er ist gleichzeitig das, was einen Schriftsteller seinen Platz in der Zeit, seine Zeitgenössischkeit in hohem Maße bewusst werden lässt."[19]

Bedeutende architektonische Werke entstehen in Zusammenarbeit, nicht nur in dem üblichen Sinn, dass sie von mehreren Individuen entworfen und erbaut werden, sondern auch in dem Sinn, dass sie in Zusammenarbeit mit der Geschichte der Architektur entstehen. In seinem Buch *Die Kunst des Romans* bemerkt Milan Kundera, gute Romane

At the same time as the Max Planck Institute is an example of today's architectural minimalism, it condenses a host of architectural traditions. It has its roots in the constructivism of Ivan Leonidov, the inventive modernism of Pierre Chareau and Jean Prouvé, the structural classicism of Ludwig Mies van der Rohe, the disciplined geometries of Giuseppe Terragni and Adalberto Libera, the Californian rationalism of the 1940s and 1950s, and other phenomena in the history of modernity. The architects' palette also evokes the contemporary architecture of Tadao Ando, Toyo Ito as well as certain Swiss, French and Spanish minimalists.

The artistic expression and aesthetic ideals, however, seem to be closer to the American minimalist sculpture of Donald Judd, Michael Heizer, Robert Smithson, Carl André, Walter de Maria, Robert Morris, James Turrell and Gordon Matta-Clark than to contemporary architectural precedents. Mikko Heikkinen has written enthusiastically on the work of Judd and de Maria, whereas Markku Komonen studied the proportional ideas of Constantin Brancusi´s land art ensemble at Tirgu Jiu. The sublime features of their projects echo their deep personal interests in today's large-scale land art and the enigmatic archaic earth constructions of Europe and the Americas, such as the dolmens and earth mounds or the dizzying earth drawings at Nazca in Peru. The strength of their architecture derives more from echoes, reverberations and recollections than from its contemporaneity or idiosyncratic character. Rich layering is characteristic for artistic quality in general, and strong artistic images do not aspire to unambiguousness. On the contrary, they trigger a multiplicity of reactions and open up limitless interpretations.

1   Interview in an American news magazine, 1990.
2   Sartre, Jean-Paul, *Esquisse d'une théorie des émotions,* Engl.: *The Emotions: An Outline of a Theory*, Carol Publishing Co, New York, 1993, p. 9.
3   Merleau-Ponty, Maurice, *Signes,* Engl.: *Signs.* As quoted in Richard Kearney, 'Maurice Merleau-Ponty', Modern Movements in European Philosophy, Manchester University Press, Manchester and New York, 1994, p. 8.
4   Pound, Ezra, *ABC of Reading*, Faber and Faber (1951), London-Boston, 1979, 14.
5   Vitruvius, *De Architectura*, Engl.: *Ten Books on Architecture*, Dover Publications, New York, 1960, pp. 5-6.
6   See Juhani Pallasmaa, 'Man, Measure and Proportion: Aulis Blomstedt and the tradition of Pythagorean harmonics, *Acanthus*, Museum of Finnish Architecture, Helsinki 1992, pp. 6-31.
7   See Juhani Pallasmaa, 'The Two Languages of Architecture', *Abacus 2*, Museum of Finnish Architecture, Helsinki 1981, pp. 58-91.

Heikkinen–Komonen
Schule für Geflügelzucht,
Kindia, Guinea, 2000

Poultry Farming School,
Kindia, Guinea, 2000

seien immer weiser als ihr Autor, weil gute Autoren auf die Weisheit des Romans hören.[20] Genauso hören gute Architekten auf die Weisheit der Architektur und vereinen Innovation mit Tradition. Die Moderne wird oft für eine arrogante Missachtung der Geschichte gehalten. Sie war jedoch keine unhistorische Bewegung ohne Sinn für die Tradition. Die Moderne ist eine dialektische Haltung, die Realität zu hinterfragen. Sie ruft die Vergangenheit durch Prozesse der Verleugnung und des Kontrastes herbei. Im Sinne von T. S. Eliots Haltung richtet die Moderne die Tradition wieder auf, gibt ihr eine neue Lesart und eine neue Bedeutung.

Architektur ist wie alle Künste gleichzeitig autonom und kulturbezogen. Sie ist an ihre Epoche gebunden in dem Sinn, dass Tradition und kultureller Kontext die Basis für individuelle Kreativität bilden. Sie ist autonom in dem Sinn, dass ein authentischer Ausdruck niemals lediglich eine Antwort auf vorgegebene Erwartungen oder Definitionen darstellt. Im Herzen der Architektur liegt ein grundlegendes existenzielles Geheimnis, und die Konfrontation mit diesem Mysterium ist immer einzigartig und autonom und vollkommen unabhängig von den Vorschriften der „sozialen Sendung".

Das Max-Planck-Institut ist nicht nur ein Beispiel für den zeitgenössischen Minimalismus in der Architektur, es verdichtet auch viele architektonische Traditionen. Es besitzt seine Wurzeln im Konstruktivismus Iwan Leonidows, im erfindungsreichen Modernismus Pierre Chareaus und Jean Prouvés, im strukturellen Klassizismus Ludwig Mies van der Rohes, in den disziplinierten Geometrien Giuseppe Terragnis und Adalberto Liberas, im kalifornischen Rationalismus der vierziger und fünfziger Jahre und in anderen Phänomenen der Geschichte der Moderne. Die Palette der Architekten mit Einfluss auf das Bauwerk beinhaltet auch die zeitgenössische Architektur von Tadao Ando, Toyo Ito und einige schweizerische, französische und spanische Minimalisten.

Dennoch scheinen der künstlerische Ausdruck und die ästhetischen Ideale näher bei den amerikanischen minimalistischen Skulpturen von Donald Judd, Michael Heizer, Robert Smithson, Carl André, Walter de Maria, Robert Morris, James Turrell und Gordon Matta-Clark zu liegen als bei zeitgenössischen architektonischen Vorgängern. Mikko Heikkinen hat sich enthusiastisch über das Werk von Judd und de Maria geäußert, Markku Komonen die Proportionen von Constantin Brancusis Land-Art-Ensemble in Tirgu Jiu studiert. Die erhabenen Züge ihrer Projekte spiegeln dieses Interesse an

8 Hannes Meyer, 'Building' (1928) in Claude Schnaidt, Hannes Meyer, Buildings, projects and writings, Arthur Niggli, Teufen, 1965, p. 94.

9 Alvar Aalto, interview, in Nidaros (Trondheim, Norway, June 28, 1930) quoted in Göran Schildt, Alvar Aalto: The Decisive Years, Rizzoli, New York, 1986, pp. 195-296.

10 Hadamar, Jacques, 'The Psychology of Invention in the Mathematical Field, Education in Vision Series, Princeton, 1943.

11 Bachelard, Gaston, La philosophie du non, Engl.: The Philosophy of No: A Philosophy of the New Scientific Mind, The Orion Press, New York, 1968.

12 Op.cit., p. 15.

13 Op.cit., p. 16.

14 Tarkovsky, Andrei, Sculpting in Time, The Bodley Head, London, 1986, p. 110.

15 Brodsky, Joseph, Less than one: Selected Essays, Farrar Straus Giroux, New York, 1998, p. 77.

16 Mikko Heikkinen and Markku Komonen collaborated with HENN Architekten Ingenieure, Munich.

17 Art in America, Summer 1966, New York.

18 Valéry, Paul, Eupalinos ou l'architecte, Gallimard, Paris, 1944, p. 68.

19 Eliot, T.S., Tradition and the Individual Talent (1919), Selected Essays, new edition, Harcourt Brace & World, New York, 1964.

20 Kundera, Milan, Romaanin taide (The Art of the Novel), WSOY, Helsinki, 1986, p. 65.

Heikkinen – Komonen
Finnische Botschaft,
Washington D.C., USA, 1994

Finnish Embassy,
Washington D.C, USA, 1994

zeitgenössischer großräumiger Land-Art und an den archaischen Erdkonstruktionen Europas und Amerikas, den Dolmen und Erdwällen oder den Schwindel erregenden Scharrbildern bei Nazca in Peru. Die Stärke ihrer Architektur rührt eher von Nachhall, Wiederklang und Erinnerung her als von ihrer Gegenwärtigkeit oder ihrem individualisierten Charakter. Reiche Schichtungen sind ein Zeichen künstlerischer Qualität, und starke künstlerische Bilder streben nicht nach Eindeutigkeit. Ganz im Gegenteil, sie lösen vielfältige Reaktionen aus und eröffnen unendliche Interpretationsmöglichkeiten.

1 Interview in einem amerikanischen Nachrichtenmagazin, 1990.
2 Sartre, Jean-Paul, *Esquisse d'une théorie des emotions*, hier neu übersetzt.
3 Merleau-Ponty, Maurice, *Signes*, hier neu übersetzt.
4 Pound, Ezra, *ABC of Reading*, deutsch: *Das ABC des Lesens*, Suhrkamp, Frankfurt 1976, S. 17.
5 Vitruv, *De architectura libri decem*, deutsch: *Baukunst*, Übersetzung von August Rode, 1796, zit. Ausgabe: Basel, Berlin, Boston, 1987, Bd. 1, S. 13.
6 Pallasmaa, Juhani, „Man, Measure and Proportion: Aulis Blomstedt and the tradition of Pythagorean harmonics", *Acanthus*, Museum der Finnischen Architektur, Helsinki 1992, S. 3-31.
7 Pallasmaa, Juhani, „The two Languages of Architecture" *Abacus 2*, Museum der Finnischen Architektur, Helsinki 1981, S. 58-91.
8 Meyer, Hannes, „Bauen" (1928). In: Bauhaus, 2. Jahrgang, Nr. 4.
9 Interview Alvar Aalto in *Nidaros*, Trondheim, 28. Juni 1930. Zitiert aus Göran Schildt, *Alvar Aalto: The Decisive Years*, Rizzoli, New York 1986, S. 195-296.
10 Hadamar, Jacques, „The Psychology of Invention in the Mathematical Field", Education in Vision Series, Princeton 1943.
11 Bachelard, Gaston, *La philosophie du non*, deutsch: *Die Philosophie des Nein. Versuch einer Philosophie des neuen wissenschaftlichen Geistes.* Frankfurt aM 1980.
12 Ebd.
13 Ebd. Hier neu übersetzt.
14 Tarkowskij, Andrej, *Sculpting in Time*, deutsch: *Die versiegelte Zeit*, Ullstein, Berlin 1988, S. 127
15 Brodsky, Joseph, *Less than one: Selected Essays*, deutsch: „*Die Führung durch eine unbemannte Stadt*". In: *Flucht aus Byzanz*, Essays, Carl Hanser Verlag, München 1988, S. 59.
16 Mikko Heikkinen und Markku Komonen arbeiteten mit HENN Architekten Ingenieure, München, zusammen.
17 *Art in America*, Sommer 1966, New York.
18 Valéry, Paul, *Eupalinos ou l´architecte*, deutsch: *Eupalinos oder der Architekt*, hier neu übersetzt.
19 Eliot, T. S., „*Tradition and the Individual Talent*" (1919). Hier neu übersetzt.
20 Kundera, Milan, *Romaanin taid*, deutsch: *Die Kunst des Romans*, Hanser, München, 1987.

Das Institutsgebäude

von Mikko Heikkinen und Markku Komonen

Das Gelände des Instituts für Molekulare Zellbiologie und Genetik liegt wenige Kilometer vom historischen Zentrum Dresdens entfernt. Es befindet sich neben dem Universitäts-Klinikum an den Elbwiesen. Das Grundstück ist schmal und lang und beherbergte früher ein Straßenbahndepot.

Die Anlage umfasst insgesamt 22.000 m². Außer dem Laborgebäude besteht das Institut aus einem Haus für Tierversuche und zwei kleinen Gästehäusern. Der Landstreifen wurde nach einem Muster wie bei einem Strichcode in Parzellen unterteilt, in die die Gebäude, Straßen, Parkplätze und Grünzonen platziert wurden. Das Laborgebäude besteht aus sechs 1.100 m² großen, an eine hohe Zentralhalle anschließenden Labors. Diese fungiert als Kommunikationszentrum. Die Haupteingangshalle, eine Kaffeebar und ein Restaurant liegen im Erdgeschoss, daneben die Bibliothek, das Auditorium und Büroräume. Im Zentrum der Halle befindet sich eine Gruppe von vier Türmen: die Haupttreppe, zwei Aufzüge und ein Turm, der auf den verschiedenen Stockwerken Sitzungszimmer enthält. Zwischen den Türmen befindet sich jeweils ein kleiner foyerartiger Bereich für Zusammenkünfte.

Der Bodenbelag im Erdgeschoss besteht aus deutschem Sandstein, der Fossilien enthält. Die Lifttürme und die Brücken sind aus geglättetem Beton, die Böden und Treppen der angrenzenden Räumlichkeiten aus Eiche, und die Hülle des spiralförmigen Treppenhauses ist mit perforiertem Aluminium verkleidet. Die Betonwände der zentralen Halle bilden den harten Kern des Gebäudes. Sie stehen in Kontrast zu den netzartigen äußeren Fassaden, die das natürliche Licht und seine Durchlässigkeit regeln.

Laboratorien benötigen viel Tageslicht, dürfen sich aber nicht übermäßig aufheizen. Ein grünes Aluminiumgitter bildet die äußerste Schicht der Fassade. Es beschattet die dunkelblaue Aluminiumverkleidung und das klare wie das milchige Glas und verhindert, dass sich das Gebäude durch Sonneneinwirkung erwärmt. Gleichzeitig entsteht ein kinetischer visueller Effekt: Frontal betrachtet, ist das grüne Gitter kaum zu sehen, aber bereits aus einem kleinen seitlichen Blickwinkel bildet die Fassade eine kompakte Farbfläche. Wenn man an dem Gebäude entlanggeht, erhält man daher den Eindruck, man würde von einer blauen Wolke verfolgt, die über eine grüne Fläche zieht.

Die mit Kupfer verkleideten „Container" auf dem Dach nehmen die Klimaanlagen auf, der Zinkkasten in der Mitte versteckt die Dachstruktur der Zentralhalle, und die hölzernen Pavillons an den Enden werden im Sommer genutzt. Von ihnen aus kann man das langsame Fließen der Elbe beobachten.

The Institute Building

by Mikko Heikkinen and Markku Komonen

The site for the Institute of Molecular Cell Biology and Genetics is situated few kilometres from the historical centre of Dresden, on the edge of the campus of the university's faculty of medicine, and adjacent to the flood-meadows of the River Elbe. The plot is a long and narrow strip of land which earlier contained a tram depot.

The total size of the building programme is 22,000 m². Apart from the laboratory building, the centre includes a test-animal house and two small accommodation blocks. A linear bar code-like form was laid out on the narrow plot, into which the buildings, roads, parking areas and green zones were placed. The laboratory building consists of six 1,100 m² laboratories which connect to a tall central hall space that functions as communication centre. The main entrance hall, an espresso bar and a restaurant are situated on the ground floor, with nearby library, auditorium and office facilities. In the centre of the hall is a cluster of four towers: the main staircase, two lift towers and a tower serving the meeting rooms on the different floors. Between these, on each floor, is a small foyer-like meeting area.

The floor surface of the ground floor is in a German sandstone containing fossils; the lift towers and bridges are smooth-faced concrete; the floors and stairs of the adjacent lounges are in oak; and the envelope of the spiral staircase is perforated aluminium sheeting. The concrete surfaces of the central hall form the hard core of the building, contrasting with the mesh-like exterior facades that regulate natural light and transparency.

Laboratories need plenty of natural light, but at the same time it is necessary to control the solar heat load. The outermost layer of the facade is a green aluminium grille, which shades the deep blue-coloured aluminium panelling and clear and opaque glass of the facades, cutting solar heat gain during the course of the day. There is also a kinetic visual impression linked with the facade design: when viewed head-on the green grille is hardly visible, but from a small angle it forms a compact colour surface. Thus, as one passes along the building, it appears as if one is being followed by a blue cloud moving within a green surface.

The copper-clad 'containers' on the roof are air-conditioning machine rooms: the zinc box in the middle hides the roof structures of the central hall; and the wooden pavilions at the ends are lounges for summer use, from where it is possible to follow the slow flow of the River Elbe.

Atrium
Atrium

Durchblick mit Verbindungsgang
*View through building with open
corridor*

Eine „Piazzetta"
A "piazzetta"

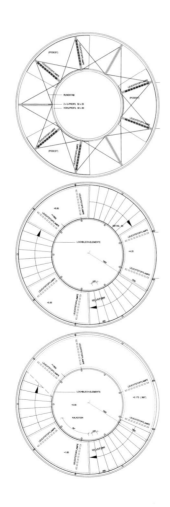

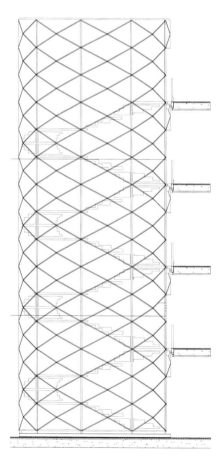

Grundrisse und Ansicht des Haupttreppenhauses, dessen Form der Struktur der DNS nachempfunden ist
Plans and elevation of the main stair, following the structure of DNA

Eingang Haupttreppe
Entrance of main stair

Verbindungsgang und
Haupttreppenhaus
Open corridor and main staircase

Kantine
Canteen

Hauptvortragssaal
Main Auditorium

Empfang im Atrium
Reception desk at atrium

Korridor bei den Laboren
Corridor at laboratories

Hohe örtliche Auflösungen enthüllen strukturelle Details von Biomolekülen. Hier werden spezielle Proteine, Verbindungsglieder aus Bakteriophagen, durch Rasterkraftmikroskopie sichtbar gemacht. Die Verbindungsglieder, die in wohlgeordneten zweidimensionalen Kristallen angeordnet sind, besitzen einen Durchmesser von 10 nm.
Mit freundlicher Genehmigung von Daniel Müller

High-resolution methods uncover structural details of biomolecules. Here special proteins, bacteriophage connectors, visualized by atomic force microscopy, have been expressed at high level in bacteria and assembled in well-ordered two-dimensional crystals. The connectors show a diameter of about 10 nm.
Picture courtesy of Daniel Müller

Labor. Die Schreibarbeitsplätze sind durch eine Glaswand vom Laborbereich getrennt.
Laboratory. The office side is separated from the bench area by a glass wall.

Eine vor kurzem entwickelte neue
Technik, Proteine in einer Zelle zu
verfolgen, besteht darin, sie mit
einem fluoreszierenden Protein,
z.B. dem Grünen Fluoreszierenden
Protein (GFP), zu versehen.
Mutanten des GFP, die ursprüng-
lich aus der Qualle Aequorea victoria isoliert wurden, absorbieren
und entsenden Licht mit verschiedenen Wellenlängen. Daher ist es
möglich, in ein und derselben Zelle
mehrere Proteine aufzuspüren.
Hier sind vier gereinigte fluoreszierende rekombinante Proteine in
der Bakterie E. coli dargestellt. Sie
wurden als Standard für die
Fluoreszenzmikroskopie präpariert.
Mit freundlicher Genehmigung von
David Drechsel

A recent new technique to follow
proteins in the cell consists in
tagging them with a fluorescent
protein from jellyfish called Green
Fluorescent Protein (GFP). Mutant
forms of the GFP, originally isolated
from the jellyfish Aequorea victoria,
absorb and emit light at different
wavelengths. Therefore it is possible
to detect multiple proteins in the
same cell. Here, four purified fluorescent recombinant proteins are
expressed in the bacteria E. coli and
prepared as standards for fluorescent light microscopy.
Picture courtesy of David Drechsel

Beleuchtungsanordnung für die
Fluoreszenzmikroskopie eines ein-
zelnen Moleküls. Der blaue
Laserstrahl ist über ein Quarzpris-
ma mit dem Objektträger des
Mikroskops verbunden. Da er nur
eine ungefähr 150 nm dünne
Schicht der Objektkammer
beleuchtet, kann man einzelne
Proteinmoleküle mit hohem
Kontrast vor dunklem Hintergrund
darstellen.
Mit freundlicher Genehmigung von
Kostas Margitudis, Stefan Diez und
Jonathon Howard

Illumination setup for single molecule
fluorescence microscopy. The blue
laser beam is coupled with the
microscope slide via a quarz prism.
Because it illuminates only a thin
layer (about 150 nm) in the
specimen chamber, it enables low
background and high contrast
imaging of single protein molecules.
Picture courtesy of Kostas Margitudis,
Stefan Diez and Jonathon Howard

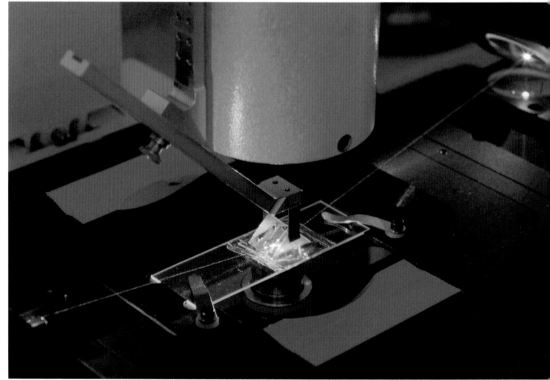

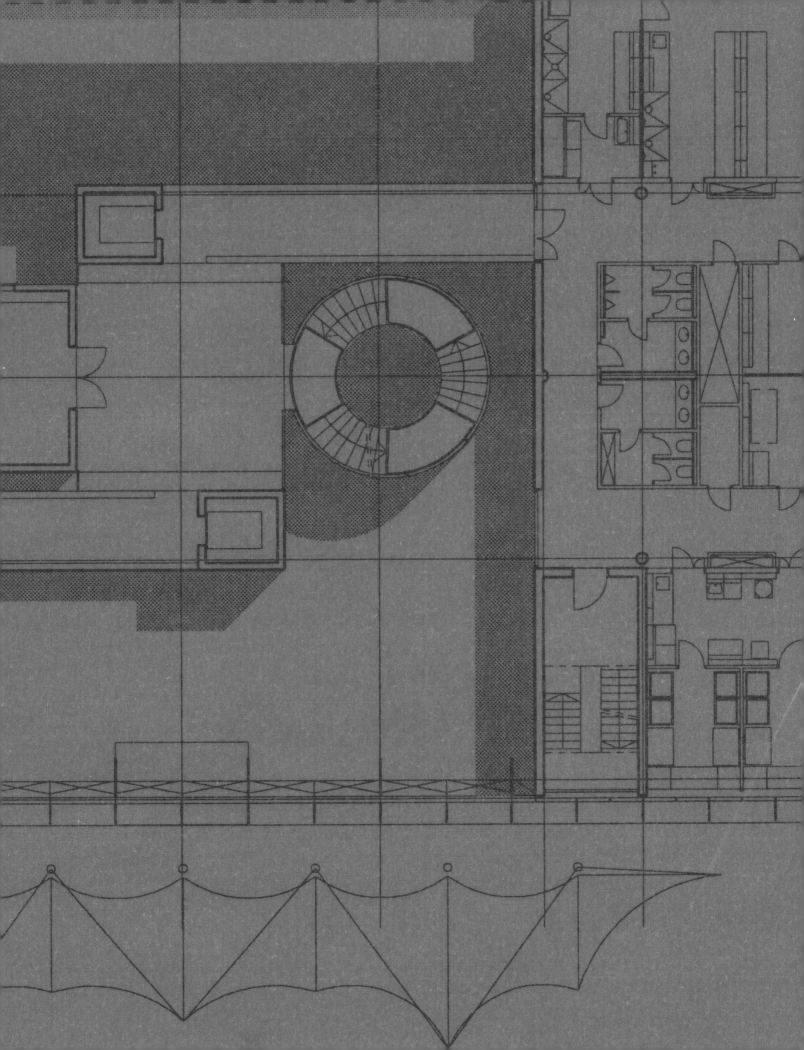

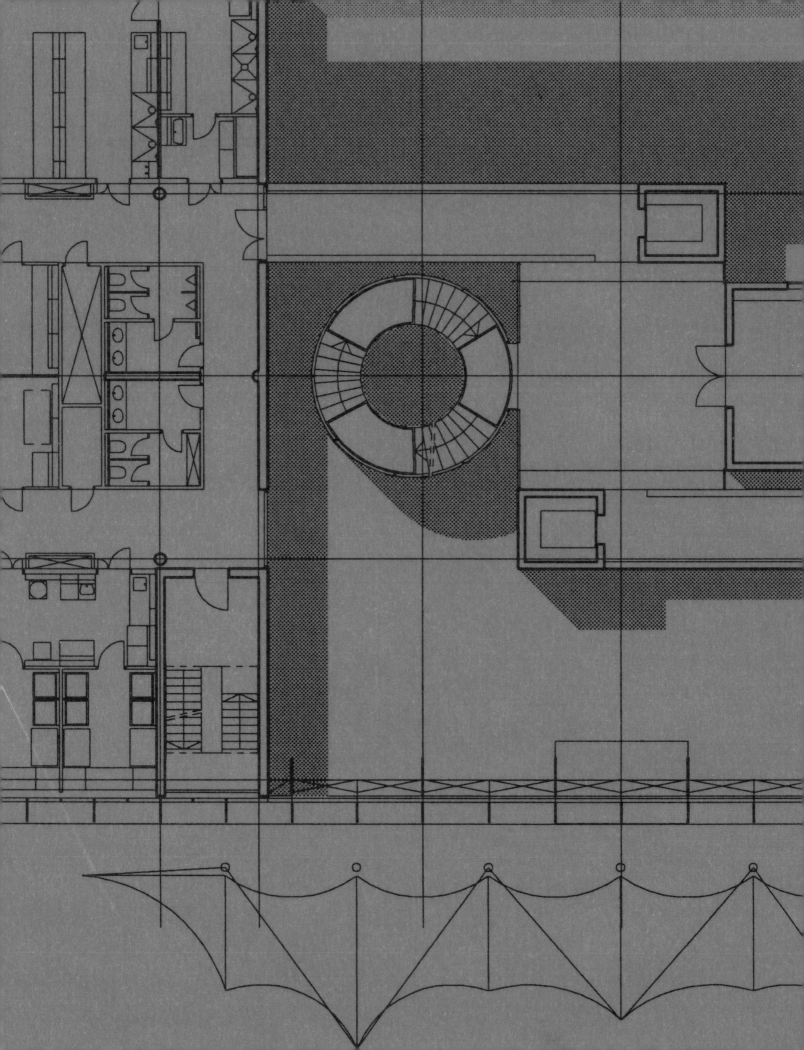

How Cells communicate

How Cells communicate

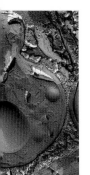

Die Rasterkraftmikroskopie gestattet es, die Oberflächenbeschaffenheit von Zellen zu „sehen", und liefert Details von Proteinen auf einer Zellmembran. Das Bild zeigt die gleichzeitige Detektion der Struktur und des elektrostatischen Potentials von Membranporen (OmpF Porin) der Membran einer bakteriellen Zelle. Die Sensorspitze des Mikroskops (grau) tastet die Oberfläche der Zelle ab. Im Hintergrund (braun) befinden sich die Ionenkanäle (dunkle Löcher), im Vordergrund (lila) sieht man die Verteilung des elektrischen Potentials an der Zelloberfläche. Mit freundlicher Genehmigung von Daniel Müller.

Atomic force microscopy allows to "see" the surface appearance of cells and provides details on proteins on a cell membrane. The image shows the simultaneous detection of the structure and electrostatic potential of membrane pores (OmpF porin) on a bacterial cell membrane. The AFM probe (grey) scans the surface of the cell. In the background (brown) the ion channels (dark holes), in the front (purple) the distribution of electric potential on the cell surface. Picture courtesy of Daniel Müller

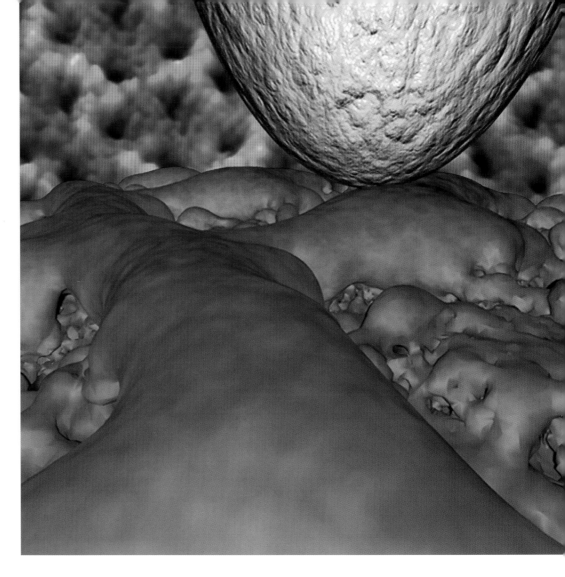

Verschiedene Proteine auf ihrem Weg durch die Zellhülle . Einige dringen nach außen, andere nach innen. Eines der hier analysierten Proteine (das APP – Alzheimer Precursor Protein) ist für die Entstehung der Alzheimer-Krankheit verantwortlich.
Mit freundlicher Genehmigung von Robert Ehehalt und Kai Simons

Different proteins on their way out to the surface of the cell and others on their way in. One of the proteins here analysed (APP – Alzheimer Precursor Protein) is responsible for the cause of Alzheimer's disease. Picture courtesy of Robert Ehehalt and Kai Simons

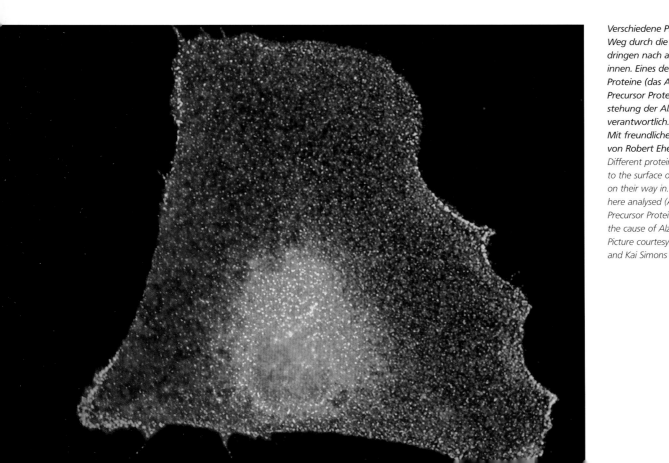

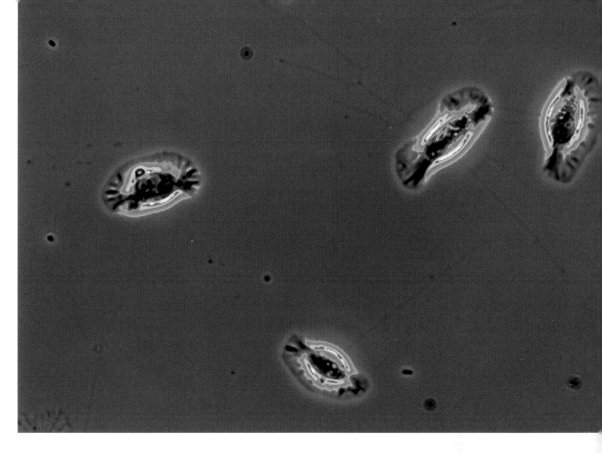

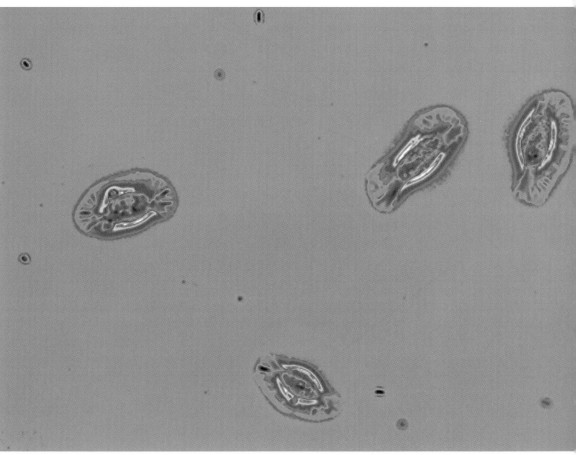

Keratozyten von Fischschuppen werden zur Untersuchung der Zellmotilität verwendet, weil sie sich auf dem Objektträger des Mikroskops schnell bewegen. Sie wurden mittels Phasenkontrastmikroskopie dargestellt und in unterschiedlichen Farben koloriert.
Mit freundlicher Genehmigung von Britta Schroth-Diez, Kurt Anderson, Stefan Diez

Keratocytes from the scales of fish are used to study cell motility because they move quickly along the surface of a microscope slide (imaged by phase contrast microscopy, pseudocoloured with different settings).
Picture courtesy of Britta Schroth-Diez, Kurt Anderson, Stefan Diez

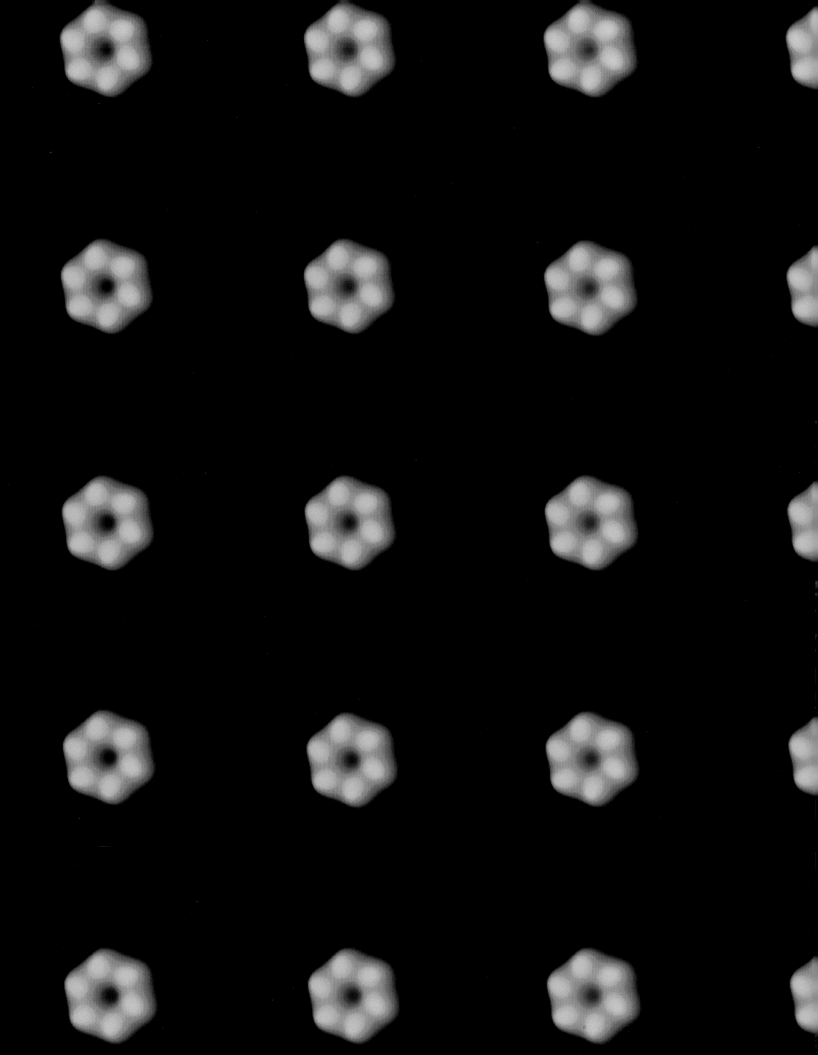

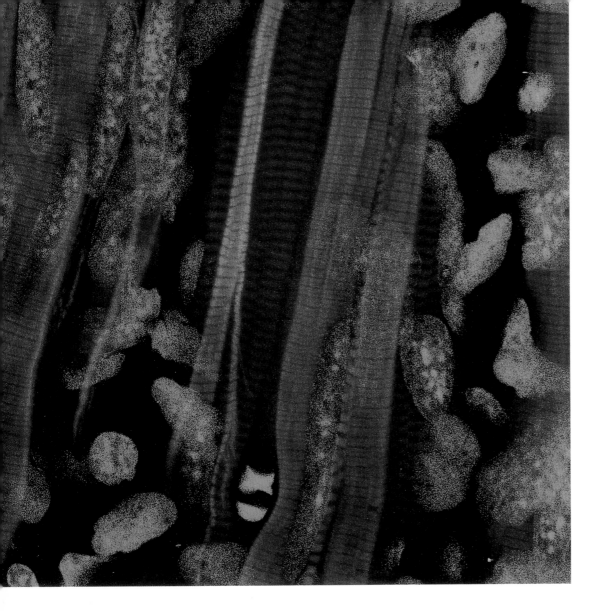

Organerneuerung. Axolotls wie der Wassermolch sind wegen ihrer speziellen Fähigkeit, ihre Gliedmaßen nach einer Verletzung zu regenerieren, interessante Studienobjekte. Diese Bilder zeigen einen Salamanderschwanzmuskel, der mit dem muskelspezifischen Protein Myosin (rot) und dem Kernfarbstoff Hoechst (grün) befleckt ist.
Mit freundlicher Genehmigung von Karen Echeverri und Elly Tanaka

Organ regeneration. Axolotl such as the newt are interesting organisms to study due to their peculiar property of regenerating their limbs upon injury. These images show a salamander tail muscle stained with muscle-specific protein (myosin, red) and the nuclear dye hoechst (green).
Picture courtesy of Karen Echeverri and Elly Tanaka

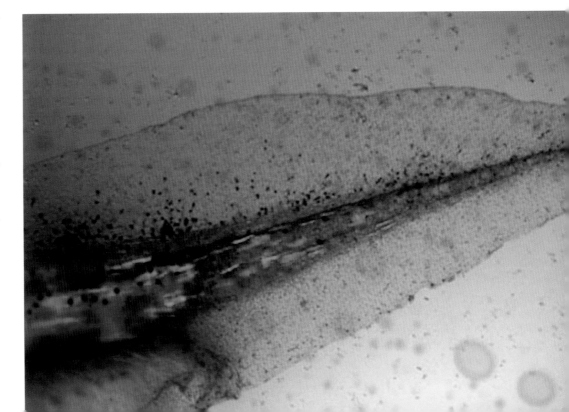

Der Blick durch ein Lichtmikroskop auf Haut (blau), Muskeln (pink), Rückenmark (gelb) und Rückenstrang (grün)
eines Salamanderschwanzes als Beispiel der Organerneuerung. Der Rückenstrang ist ein Vorläufer der knochigen
Wirbelsäule, die ältere Tiere entwickeln.
Mit freundlicher Genehmigung von Karen Echeverri und Elly Tanaka
*Light microscope views of skin (blue), muscle (pink), spinal cord (yellow) and notochord (green) of the salamander tail, as an
example for organ regeneration. The notochord is a precursor to the bony vertebrae that will develop in older animals.
Karen Echeverri and Elly Tanaka*

Um die Schönheit der biologischen
Feinstruktur zu enthüllen, müssen
die Proben in äußerst dünne
Scheiben geschnitten und mit
einem Elektronenmikroskop dargestellt werden. Hier sind subzelluläre
Strukturen in den Samenzellen
des Fadenwurms Caenorhabditis
elegans abgebildet.
Mit freundlicher Genehmigung von
Thomas Mueller-Reichert
*To unravel the beauty of biological
ultrastructure, specimens have to
be cut in extremely thin slices and
imaged using an electron microscope. Here, sub-cellular structures
are visualized in the sperm cells of
the roundworm Caenorhabditis
elegans.
Picture courtesy of Thomas Mueller-
Reichert*

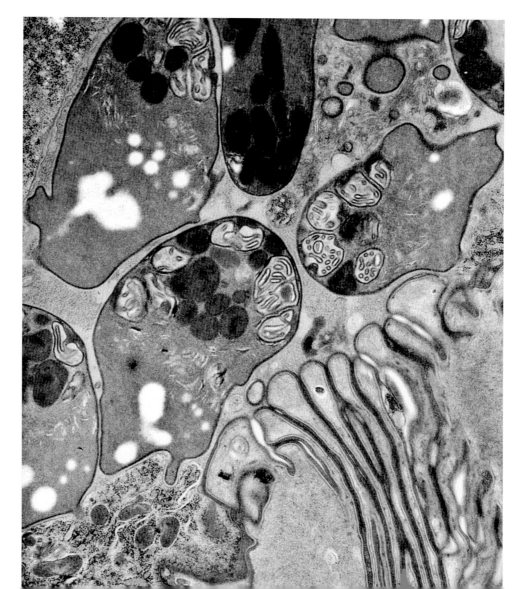

Dieses Bild, das an eine Galaxie erinnert, zeigt eine Zelle, in der ein bestimmtes Protein, das Amyloid Precursor Protein (APP), in verschiedenen Etappen auf seinem Weg innerhalb und außerhalb der Zelle sichtbar gemacht wurde. Das Protein ist verschiedenfarbig markiert; auf der Zelloberfläche (blau), beim Einschließen in spezialisierte Organellen am Rand – Endosome genannt (grün und gelb) sowie beim Transport zum Zellzentrum (rot). Auf diesem Weg teilt sich das Protein in Fragmente, die dann Alzheimer verursachen.
Mit freundlicher Genehmigung von Robert Ehehalt und Kai Simons

This image reminiscent of a galaxy shows a cell where a particular protein, the Amyloid precursor protein (APP), is visualized at different stages of its journey inside and outside of the cell. Here the protein is labelled with different colours on the surface of the cell (blue), when it is internalised into specialized organelles called endosomes in the periphery (green and yellow) and when it is transported into the centre of the cell (red). At some stages during this trafficking, the protein is cleaved into fragments that lead to Alzheimer's disease.
Picture courtesy of Robert Ehehalt and Kai Simons

Diese Zelle wurde dreifach markiert, um Aspekte des Membranverkehrs darzustellen. Blau repräsentiert ein an einer Membran verankertes fluoreszierendes Protein, das hier dazu verwendet wird, einen speziellen Typ der Lipid-organisation darzustellen. Rot gefärbt sind die Membranbereiche, die mit Transferrin beladen sind, einem löslichen Protein, das in die Aufnahme von Eisen involviert ist. Das Transferrin bewegt sich kontinuierlich zwischen der Zelloberfläche und Bereichen im Inneren der Zelle hin und her. Die grüne Fluoreszenz markiert GTPasen, die als Koordinatoren des zellulären Membranverkehrs fungieren. Mit freundlicher Genehmigung von Jochen Rink und Marino Zerial

This cultured cell was triple-labelled in order to visualize aspects of membrane trafficking: Blue represents a membrane-anchored fluorescent protein used here to visualise a particular type of lipid-organization. Shown in red are membrane compartments that have been loaded with transferrin, a soluble protein involved in iron uptake, which continuously cycles between the cell surface and intracellular compartments. Green fluorescence indicates GTPases which function as co-ordinators of cellular membrane trafficking. Picture courtesy of Jochen Rink and Marino Zerial

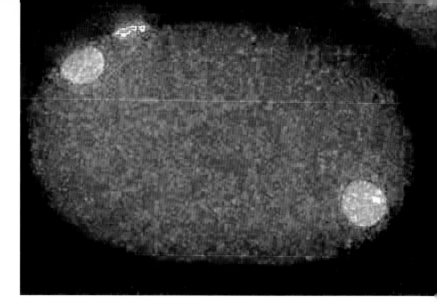

Befruchtung: Dieses Bild zeigt
männliche und weibliche Pronuklei
mit deren Chromosomen (in blau)
– hier eines C. elegans Embryos im
einzelligen Stadium – nach der
Befruchtung, aber bevor sie sich
etwa zwanzig Minuten später ver-
mischen, um die Chromosomen
des Embryos zu bilden.
Mit freundlicher Genehmigung von
Eva Hannak und Anthony A. Hyman
*Fertilization: this picture shows the
male and female pronuclei with their
chromosomes (in blue) – here of a
one cell stage C. elegans embryo –
after fertilization but before they mix,
some twenty minutes later, to form
the chromosomes of the embryo.
Picture courtesy of Eva Hannak and
Anthony A. Hyman*

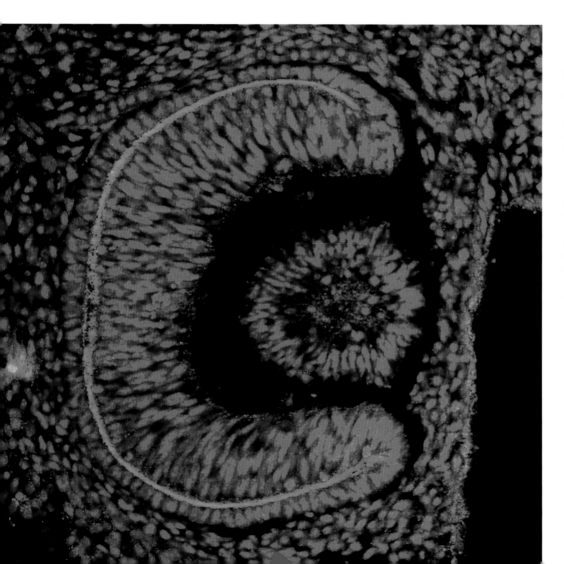

Das sich entwickelnde Auge eines
zehn Tage alten Mausembryos.
Die Zellkerne sind rot gefärbt. Die
grüne, C-förmige Färbung zeigt ein
Markerprotein von neuralen
Stammzellen in der Netzhaut. Eine
Mutation im entsprechenden
menschlichen Gen führt zu Netz-
hautdegeneration.
Mit freundlicher Genehmigung von
K. Röper, D. Corbeil und
W. B. Huttner
*The developing eye of a 10-day old
mouse embryo. Cell nuclei are
stained in red. The green C-shaped
staining shows a marker of neural
stem cells in the retina. A mutation
in the corresponding human gene is
associated with retinal degeneration.
Picture courtesy of K. Röper,
D. Corbeil and W.B. Huttner*

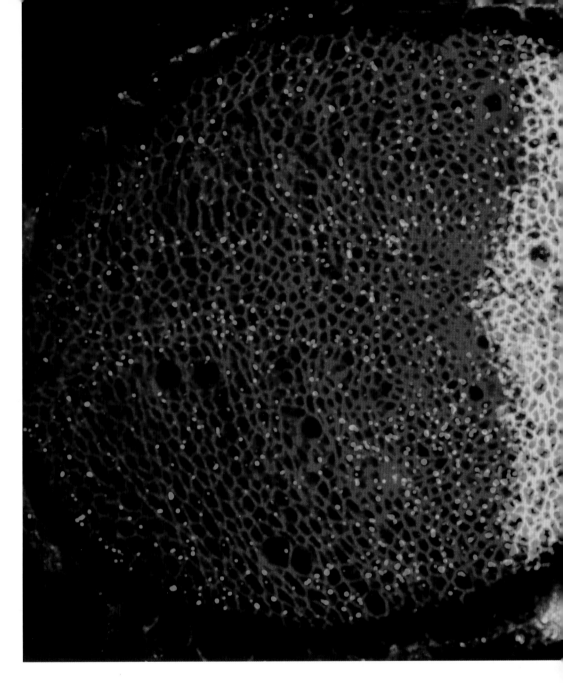

Seite 48-49/ page 48-49:
Die Pore einer Leberzelle, Connexon genannt, die sich gerade schließt. Das Bild entstand mit Hilfe der Rasterkraftmikroskopie. Zwei Connexons benachbarter Epithelzellen bilden eine Pore, die den Transport kleinerer Moleküle vermittelt.
Mit freundlicher Genehmigung von Daniel Müller

A liver cell pore, called connexon, in the process of closing, imaged by atomic force microscopy (AFM). Two connexons of adjacent epithelial cells form a pore that mediates the transport of small molecules.
Picture courtesy of Daniel Müller

▼ Im Inneren einer keimenden Hefezelle. Arbeiten an dieser Zelle haben viele Mechanismen enträtselt, die für die Zellorganisation und die Zellteilung von Bedeutung sind und sich bis zum Menschen erhalten haben. Für dieses Präparat wurden Hefezellen schnell eingefroren und bei sehr niedrigen Temperaturen gebrochen, um die inneren Membranen sichtbar zu machen. Eine dünne Metallschicht auf der gebrochenen Oberfläche wurde mit Hilfe eines Transmissions-Elektronenmikroskops dargestellt. Mit freundlicher Genehmigung von Thomas Mueller-Reichert

Inside a budding yeast cell. Work on this cell has unraveled many mechanisms important for cell organization and cell division which are conserved up to humans. For this preparation, yeast cells were quickly frozen and freeze-fractured at very low temperature to visualize internal membranes. A thin metal layer of the fractured surface was imaged using a transmission electron microscope.
Picture courtesy of Thomas Mueller-Reichert

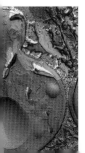

Um komplexe Strukturen zu bilden, müssen Zellen nach einem präzisen morphogenetischen Programm organisiert werden. Das Bild zeigt die Verteilung von Membranen (grün) in einem sich entwickelnden Flügel der Drosophila. Diese fragmentierten Membranen können als Träger für Morphogene fungieren, das sind die Proteine, die die Morphogenese und ihre Verteilung innerhalb des sich entwickelnden Gewebes kontrollieren.
Mit freundlicher Genehmigung von Valentina Greco und Suzanne Eaton

In order to make complex structures, cells have to be organized according to a precise morphogenetic program. This image depicts the dispersal of membranes (labelled green) in the developing wing of drosophila. These fragmented membranes may act as carriers for morphogens, the proteins that control morphogenesis, and control their dispersal throught the developing tissue.
Picture courtesy of Valentina Greco and Suzanne Eaton

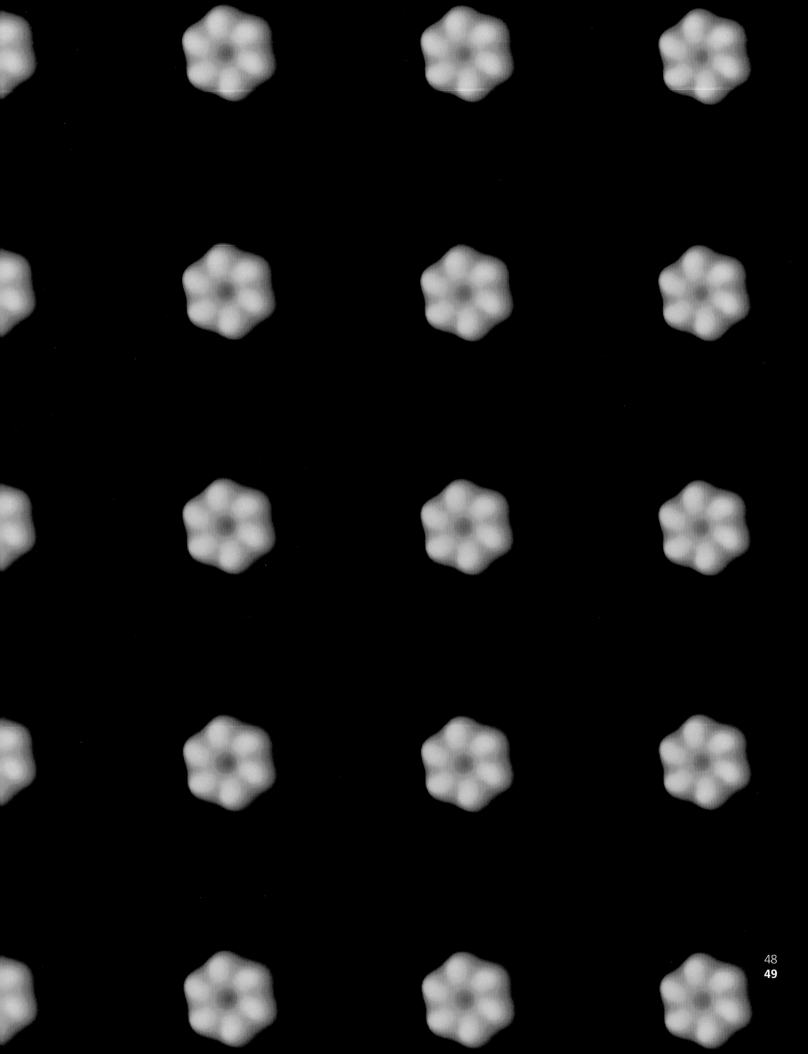

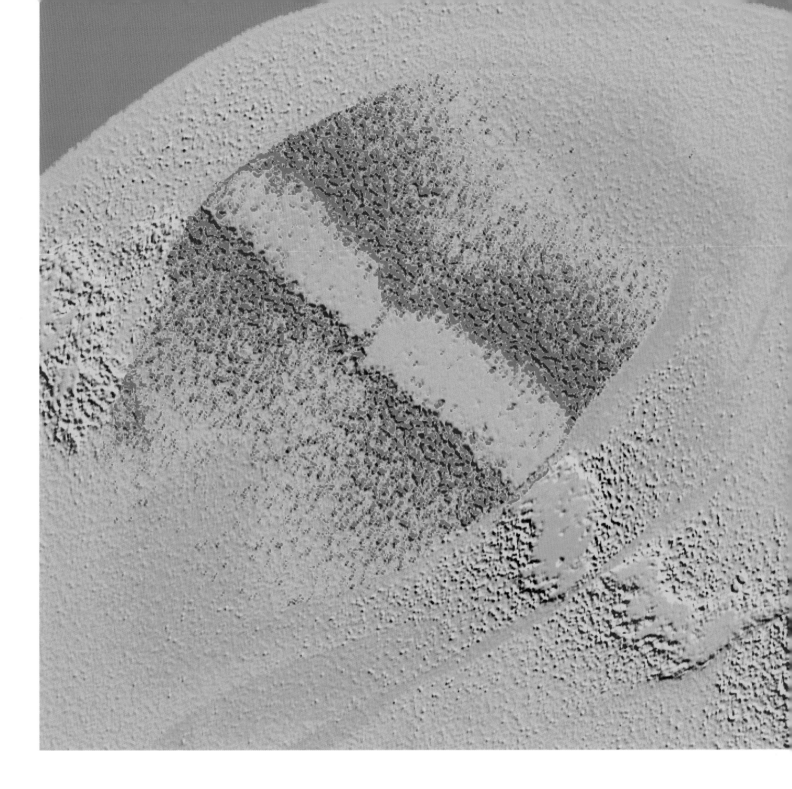

Bei der Bildung von Gewebe sind die Zellen in der Lage, sich in stereotypischen räumlichen Strukturen zu organisieren. Die Zellen werden über ihre relative Lage im Gewebe durch abgesonderte Signalmoleküle, die Morphogene, instruiert. Das Protein Decapentaplegic (Dpp) operiert als Morphogen in dem sich entwickelnden Flügel der Drosophila. Seine Verteilung wurde durch die Fusion mit dem Grünen Fluoreszierenden Protein (GFP) sichtbar gemacht. Die grünen Punkte zeigen das Morphogen bei den Empfangszellen; rot drückt das Zielgen (Spalt) aus, das von dem Morphogen aktiviert wird.

Mit freundlicher Genehmigung von Eugeni V. Entchev und Marcos A. González-Gaitán, abgeändert aus Entchev et al.: „Gradient formation of the TGF-beta homolog Dpp" Cell 103(6), S. 981–991

In developing tissue, cells are able to organize in stereotyped spatial patterns. Cells are instructed about their relative position in the tissue by secreted signaling molecules, called morphogens. The protein Decapentaplegic (Dpp) acts as a morphogen in the developing Drosophila wing. Its gradient distribution was visualized by fusion of Dpp with Green Fluorescent Protein (GFP). The green dots show the morphogen at the receiving cells and in red is shown the expression of a target gene (Spalt) which is activated by the morphogen.

Picture courtesy of Eugeni V. Entchev and Marcos A. González-Gaitán modified from Entchev et al. „Gradient formation of the TGF-beta homolog Dpp", Cell 103(6), 981–91

Organellenbewegung im Reagenzglas. Um auf molekularer Ebene zu verstehen, wie die Bewegung auf den zellulären Autobahnen funktioniert, verfolgen Wissenschaftler die Strategie, die Zelle auseinander zu brechen und die Bewegung durch die Verwendung isolierter Teile wiederherzustellen: Rote Vesikel (Endosome) bewegen sich entlang grüner Filamente (Mikrotubuli).
Mit freundlicher Genehmigung von Erik Nielsen, Fedor Severin und Marino Zerial
Organelle movement in the test tube. In order to understand how movement along the cell highway is molecularly achieved, scientists adopt the strategy of breaking the cell apart and reconstituting the movement using isolated parts: red vesicles (endosomes) moving along green filaments (microtubules).
Picture courtesy of Erik Nielsen, Fedor Severin and Marino Zerial

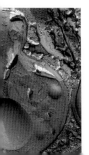

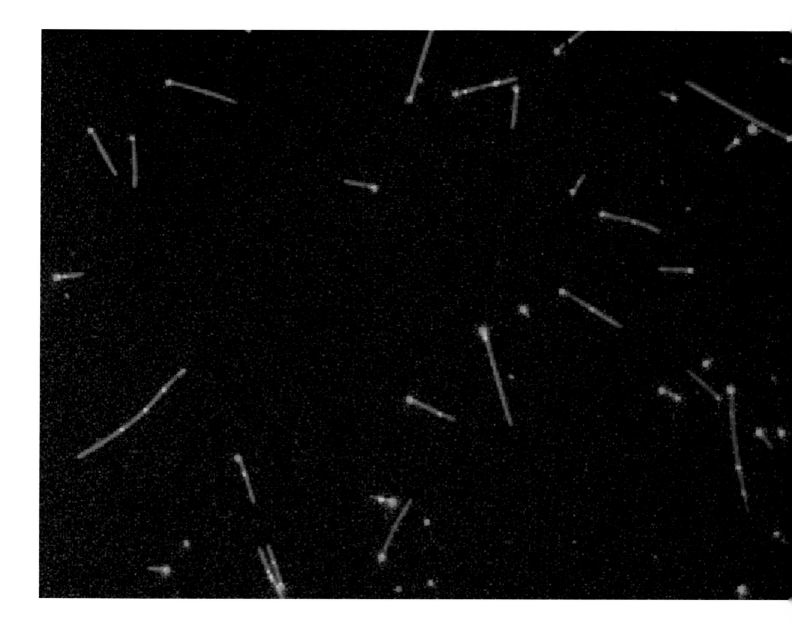

Motorproteine erfüllen zahlreiche Funktionen wie den Transport von Fracht entlang von Mikrotubuli. Während der Zellteilung binden sie (wie z.B. hier MCAK-grün) sich an das Ende von Mikrotubuli (rot) und helfen dabei, die Chromosomen an die Pole der mitotischen Spindel (Abb. S. 58) zu ziehen, um sie auf die beiden Tochterzellen aufzuteilen.
Mit freundlicher Genehmigung von Stefan Diez, Tanuj Sapra und Jonathon Howard

Motor proteins (e.g. here MCAK-green) fulfil a number of functions such as transport of cargo along microtubules (red). During cell division they bind to the end of microtubules (red) and help pulling the chromosomes towards the poles of the mitotic spindle (ill.. p. 58) to distribute them between the two daughter cells.
Picture courtesy of Stefan Diez, Tanuj Sapra and Jonathon Howard

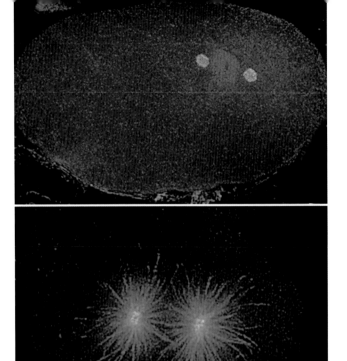

*Mikrotubuli sind Wege, auf denen
die Membranorganellen transpor-
tiert werden. Wenn sich die Zelle
auf eine Teilung vorbereitet, wer-
den diese Wege zerstört und dazu
verwendet, den mitotischen
Apparat zu bauen, die Struktur, die
Chromosomentrennung möglich
macht. Diese Bildfolge zeigt die
Bildung der mitotischen Spindel im
Embryo des Fadenwurms
Caenorhabditis elegans. Die
Mikrotubuli sind grün, rot zeigt
eine modifizierte Form des
Tubulins, das die beiden Pole der
Spindel markiert.
Mit freundlicher Genehmigung von
Eva Hannak und Anthony A.
Hyman*

*Microtubules are tracks on which
membrane organelles are
transported. When the cell prepares
for division, these tracks are
dismantled and used to build the
mitotic apparatus, the structure that
allows segregation of chromosomes.
This gallery shows a time series of
construction of a mitotic spindle in
a C. elegans embryo. Green shows
microtubules, red a modified form of
tubulin which marks the two spindle
poles.
Picture courtesy of Eva Hannak and
Anthony A. Hyman*

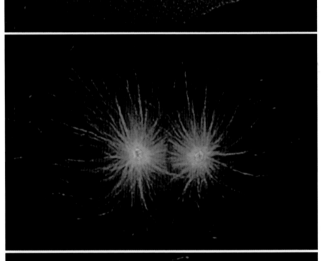

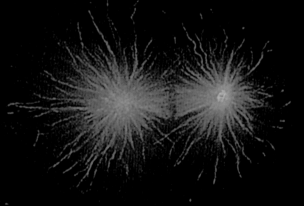

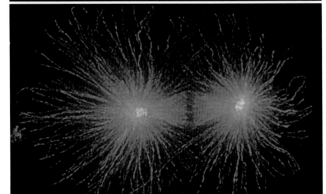

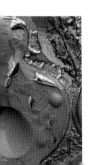

Die Kunst der molekularen Kommunikation:

Wissenschaft im MPI-CBG

von Marino Zerial

Wir bestehen aus Zellen. Die Zelle ist die kleinste lebende Einheit eines Organismus. Das Leben begann mit einer Urzelle. Dann begannen die Zellen erst Anhäufungen und dann multizelluläre Organismen zu bilden, die sich entwickelten und höhere Stufen der Komplexität erreichten. Dieses Prinzip, nach dem wir gebaut sind, ist auf den ersten Blick einfach. Aber wenn wir das Leben in der Sprache der molekularen Biologie und Biochemie erklären wollen, entsteht ein weitaus komplexeres Bild. Woraus bestehen Zellen? Ihre chemische Zusammensetzung ist relativ einfach. Sie sind aus Biomolekülen wie Proteinen, Lipiden, Zucker, DNS und RNS zusammengesetzt, die wiederum lange Ketten aus einfachen Bausteinen sind, die allen Lebewesen gemein sind, von Bakterien bis zum Menschen (Lehninger, 1970). Für sich selbst genommen sind diese Komponenten leblos. Es ist die Kunst dieser leblosen Makromoleküle, zusammengesetzte Strukturen zu bilden, die Leben entstehen lässt. Atome bilden Moleküle, Moleküle werden zu Molekülkomplexen, Komplexe formen Organellen und das Zytoskelett (Zellskelett). In ihrer Kombination bilden sie die Zelle. Zellen bilden Gewebe, Gewebe bilden Organe, und Organe schließlich bilden Organismen. Unter diesem Aspekt ist Leben die Kunst der molekularen Kommunikation.

Wie bilden Zellen Gewebe? Grob gesprochen ist dies das Forschungsgebiet des Max-Planck-Instituts für Molekulare Zellbiologie und Genetik, des MPI-CBG. Die Gründung des MPI-CBG an der Wende zum neuen Jahrtausend fällt in eine Zeit, in der in der Biologie Aufregendes passiert. Mehrere Genome von Bakterien und höheren Organismen, darunter auch das des Menschen, wurden entschlüsselt, und andere sind auf dem besten Weg dazu (Eisen, 2002). Wir besitzen den vollständigen Katalog der Gene und Genprodukte, die für das Leben von Bedeutung sind. Mit dem Genombuch in der Hand sind wir in der Lage, ehrgeizigere Fragen zu stellen als je zuvor. Wir können Biomoleküle beobachten, wie sie interagieren, Organellen formen und sich zum Zytoskelett vereinen. Wir können beobachten, wie sich Organellen bewegen und ihre Inhalte in lebenden Zellen austauschen. Wir können die Logik erkennen, mit der Zellen gebaut sind und funktionieren, und verstehen, welchen Regeln sie folgen. Wir können bewundern, wie die Zellen ihre Bausteine produzieren, ihre Teile wieder verwenden und auf die Umgebung reagieren. Wir können bestaunen, wie sie wachsen, sich tei-

The Art of Molecular Communication:

Science at the MPI-CBG

by Marino Zerial

We are made of cells, the smallest living units of an organism. Life started with a common ancestral cell. Then cells began aggregating and formed multi-cellular organisms that evolved gaining higher levels of complexity. At first glance, the principle by which we are built is elementary, but if we wish to explain life using the language of molecular biology and biochemistry, a far more complex picture emerges. What are cells made of? Their chemical composition is relatively simple. They consist of bio-molecules like proteins, lipids, sugars, DNA and RNA, which in turn are long chains of simple building-blocks common to all species, from bacteria to men (Lehninger, 1970). Individually these components are lifeless. It is the art by which these inanimate macromolecules interact to form composite structures that gives rise to life. Atoms form molecules, molecules form molecular complexes, complexes form the *organelles* and the cell framework or *cytoskeleton*, which combined form the cell. Cells form tissues, tissues form organs and, ultimately, organs form an organism. Seen in this light, life is the art of molecular communication.

How do cells form tissues? This is, in broad terms, the research interest of the Max Planck Institute of Molecular Cell Biology and Genetics, MPI-CBG. The foundation of the MPI-CBG, at the turn of the new millennium, coincides with an era of great excitement in biology. Several bacterial and eukaryotic genomes, including the human genome, have been sequenced and several others are under way (Eisen, 2002). We possess the complete catalogue of genes and gene products important for life. With the genome book in hand we are ready to ask more ambitious questions than ever before. We can see bio-molecules interacting, forming organelles and assembling the *cytoskeleton*. We can see how organelles move and trade their contents within living cells. We can deduce the logic of how cells are built and function, understand which rules they follow. We can see how cells produce their vital elements, recycle their parts, respond to the environment, grow, divide and die. We can admire the metamorphosis of cells when they change shape, when they specialise, congregate, generate tissues, organs, and organisms.

The illustrations of different molecules, cells and organisms shown here provide a glimpse of what scientists study and see at the MPI-CBG. Each of them tells a story of what life is about. Each experimental system offers advantages for the particular question asked and a combination of systems is necessary to progress towards the full picture. The reason for this lies in the complexity of the problem. Therefore, communication between

len und sterben. Wir können Zellen beobachten, wie sie ihre Form verändern oder sich spezialisieren, wenn sie sich versammeln und Gewebe, Organe und Organismen erzeugen. Die hier gezeigten Bilder von verschiedenen Molekülen, Zellen und Organismen gestatten einen Einblick in das, was die Wissenschaftler am MPI-CBG sehen und erforschen. Jedes Bild erzählt eine Geschichte über das Leben. Jedes experimentelle System liefert Hinweise für eine spezielle Fragestellung, und um einem Gesamtbild näher zu kommen, ist eine Kombination von Systemen nötig. Der Grund dafür liegt in der Komplexität des zu lösenden Problems. Daher ist die Kommunikation zwischen den Forscherteams genauso wesentlich wie die Kommunikation zwischen Molekülen und Zellen.

Wie stellt sich eine Zelle dar? Lassen Sie uns zuerst ihre Oberfläche betrachten. Eine Technik namens Kraftmikroskopie erlaubt uns, die Oberfläche einer bakteriellen oder menschlichen Zelle bei hoher Auflösung zu „sehen" (Abb. S. 46). Eine elektronisch gesteuerte Spitze tastet die Oberfläche ab. Der Kontakt mit Oberflächenstrukturen verändert den Bewegungszustand der Spitze und produziert so ein Bild der Oberfläche im Nanometerbereich (ein Millionstel eines Millimeters). Es ist so nicht nur möglich, Details der Proteine auf der Membran zu sehen, sondern wir können auch ihr dynamisches Verhalten beobachten, zum Beispiel wie sich eine Pore öffnet und schließt (Abb. S. 45). Betrachten wir nun das Innere einer Zelle. Hefe (Abb. S. 50), bestens bekannt als Fermentationshilfe bei der Herstellung von Brot, Käse und Wein, hat sich als ausgezeichnetes Hilfsmittel erwiesen, um grundlegende Mechanismen der Zellbiologie wie die Zellteilung und den Transport von Molekülen zwischen den Organellen zu erforschen. Zellen von Wirbellosen und Wirbeltieren (Abb. S. 46, 47, 52, 53) dienen dazu, komplexere Aspekte der zellulären Organisation und Funktion zu untersuchen, wie die Zellmotilität und die Gewebebildung (Abb. S. 47). Alle diese Zellen besitzen eine gemeinsame grundlegende Architektur: Sie enthalten mehrere Organellen, zum Beispiel den Kern, der die genetische Information enthält, Mitochondrien, die die Kraftwerke bilden, Lysosome, die dem Recycling dienen, usw. Diese Architektur garantiert maximale Effizienz, während sie gleichzeitig konstanten Austausch von Fracht erfordert. Eine Zelle ist wie eine Stadt. Wie diese benötigt sie Ein- und Ausfuhrsysteme und Verkehr zwischen den verschiedenen Teilen auf Haupt- und Neben-

research teams is just as essential as communication between molecules and cells.

How does a cell appear? Let us first take a look at the cell surface. A technique called atomic force microscopy allows us to "see" the surface of a bacterial or a human cell at high resolution (ill. p. 46). A tip moved electronically is used to gently scan the membrane. The ensuing local interaction changes the state of motion of the tip, thus producing an image of that surface at a nano-meter scale (1/1,000,000 of a mm). It becomes possible not only to see details of the proteins on the membrane but also to follow their dynamic behavior, such as how a pore opens and closes (ill. p. 45). Take a look then at the interior of a cell. Yeast (ill. p. 50), best known for its use in fermentation to produce bread, cheese and wine, has proved an extraordinary tool for dissecting basic mechanisms of cell biology such as cell division and transport of cargo molecules between organelles. Cells from invertebrates and vertebrates (ill. p. 46, 47, 52, 53) are used to study more complex aspects of cellular organisation and function, such as cell motility (ill. p. 47) and tissue formation. All these cells share a basic architecture: each cell encloses several organelles such as the *nucleus* that contains the genetic information, *mitochondria* that are the power plants, *lysosomes* that are recycling factories, etc. The cell and organelle architecture ensures maximal efficiency, while at the same time requiring the constant exchange of cargo. The cell is like a city and like a city it requires import/export systems, traffic between different districts through slow and fast roads, everything according to precise schedules. Today it is possible to follow this traffic in living cells. In fact an ingenious approach borrowed from nature has revolutionised the way we look at the dynamic behavior of proteins, organelles, cells and living organisms. The green luminescence emitted by the jellyfish *Aequorea victoria* is due to the expression of a particular protein, called green fluorescent protein (GFP). Cloned by genetic engineering techniques, this protein can be introduced in a variety of cells rendering them fluorescent (Chalfie et al. 1994). The extraordinary potential of this protein in biology lies in its application to follow the expression and localisation of proteins in living cells or organisms (ill. p. 46, 47, 50, 52, 54, 55, 77, 81, 82, 84). Since the initial identification, new color variants have been engineered (ill. p. 44). Like dyes in the hands of a painter, biologists can stain three to four cellular proteins simultaneously producing multi-coloured images. This method is used to explore the organization of biological membranes (ill. p. 46, 52), how organelles are assembled and communicate (ill. p. 52), and how

straßen, wobei alles nach präzisen Fahrplänen erfolgt. Heute ist es möglich, diesen Verkehr in lebenden Zellen zu verfolgen.

Ein genialer Ansatz, der von der Natur abgeschaut wurde, hat die Art und Weise revolutioniert, wie wir das dynamische Verhalten von Proteinen, Organellen, Zellen und lebenden Organismen betrachten. Das grüne Leuchten, das von der Qualle *Aequorea victoria* ausgeht, geht auf ein spezielles Protein, das Grüne Fluoreszierende Protein (GFP), zurück. Durch Gentechniken geklont, kann dieses Protein in unterschiedlichste Zellen gebracht werden und überträgt die Fluoreszenz auf diese (Chalfie et al. 1994). Das außergewöhnliche Potential dieses Proteins für die Biologie liegt darin, dass mit seiner Hilfe die Existenz und die Lokalisierung der Proteine in lebenden Zellen oder Organismen verfolgt werden kann (Abb. S. 46, 47, 50, 52, 54, 55, 77, 81, 82, 84). Seit der ursprünglichen Identifizierung wurden neue Farbvarianten des GFP konstruiert (Abb. S. 44). Wie ein Maler seine Farben mischt, können auch Biologen drei bis vier zellulare Proteine gleichzeitig färben und vielfarbige Bilder erzeugen. Mit dieser Methode wird die Organisation biologischer Membranen (Abb. S. 46, 52) erforscht, um zu verstehen, wie Organellen zusammengesetzt sind und kommunizieren (Abb. S. 52) und wie Zellen innerhalb von Geweben interagieren. Organellen wie die Endosome sehen aus wie ein Mosaik aus farbigen Teilchen, weil sie wie ein modulares System aufgebaut sind, wobei jedes Modul durch die Selbstorganisation seiner Komponenten entsteht und eine spezielle Aufgabe erfüllt (Abb. S. 84). Wir können beobachten, wie sich die Organellen im Zellinneren oder Zytoplasma bewegen, wobei sie durch Motorproteine auf den verschiedenen Filamenten, die die Zellstraßen und -autobahnen bilden, vorangetrieben werden. Vielfältige Techniken (Abb. S. 44) erlauben die Beobachtung biologischer Strukturen bis zur Stufe eines einzelnen Moleküls oder sogar bis zu den Atomen, aus denen es besteht. Bemerkenswerterweise behalten einige dieser Moleküle ihre Funktionen auch außerhalb der Zellstruktur, und biologische Reaktionen können in einem Reagenzglas oder unter einem Mikroskop reproduziert und analysiert werden. Wir können die Zelle auseinander brechen, Organellen und zytoskelettare Komponenten isolieren, die Interaktion zwischen Motoren und Filamenten (Abb. S. 57) rekonstruieren, die von Motoren erzeugte Kraft untersuchen und beobachten, wie sie Organellen bewegen

cells interact within tissues. Organelles such as endosomes appear like a mosaic of colored particles because they are built like a modular system, each module arising from the self-assembly of its components and fulfilling a specialised task (ill. p. 84). We can watch organelles move in the cell interior or *cytoplasm*, propelled by motor proteins along different kinds of filaments that constitute the cell roads and highways. Various techniques (ill. p. 44) allow the observation of biological structures down to the level of single molecules, or even the atoms they are composed of. Remarkably, some of these molecules continue to function outside the cellular context and biological reactions can be reproduced and analysed in the test tube or under a microscope. We can break the cell apart, isolate organelles and cytoskeletal components, reconstitute the interaction between motors and filaments (ill. p. 57), study the force generated by motors and observe how they move organelles (ill. p. 56).

Eventually, how do cells form multi-cellular structures such as tissues, organs up to entire organisms? First of all cells must divide. Cell division is a fascinating aspect of cell biology. Each dividing cell needs to duplicate and distribute its genetic material between two daughter cells. A chemical oscillator periodically instructs cells to prepare for this event. The cell responds by temporarily suspending all functions that are not necessary to this end. Traffic between organelles ceases. *Microtubules*, the filaments that normally radiate from the center of the cell towards the periphery and serve as high-ways along which organelles move, are dismantled and reassembled to create a totally new structure, the *mitotic spindle*, which serves to distribute a complete set of chromosomes to each daughter cell (ill. p. 51, 58). Cell division thus provides a beautiful example of how the same biomolecules can yield completely different structures, depending on how they are assembled in the cell.

Cells also mold an endless variety of shapes when they form tissues and organs. As biomolecules self-organise into organelles and filaments, cells organise themselves into patterns (Camazine et al. 2001). To do so cells must communicate with each other according to specific guidelines. For example in the fly *Drosophila melanogaster*, cells receive information in the form of signaling molecules called *morphogens* that are transmitted from one cell population to another. These molecules form spatial gradients that instruct cells about their relative positions in the developing organ. If a cell "senses" a high concentration it means it is close to the source of morphogen. Cells actively participate in establishing these gradients by taking up the morphogens and pass-

(Abb. S. 56). Schließlich stellt sich die Frage, wie Zellen vielzellige Strukturen wie Gewebe, Organe oder gar vollständige Organismen bilden. Zuallererst müssen die Zellen sich teilen. Die Zellteilung ist ein faszinierender Aspekt der Zellbiologie. Jede sich teilende Zelle muss ihr genetisches Material duplizieren und auf zwei Tochterzellen verteilen. Ein chemischer Oszillator weist Zellen periodisch an, sich auf dieses Ereignis vorzubereiten. Die Zelle antwortet, indem sie zeitweise alle Funktionen aussetzt, die zu diesem Zweck nicht benötigt werden. Der Verkehr zwischen den Organellen kommt zum Erliegen. Mikrotubuli, die Filamente, die normalerweise vom Zellzentrum zum Rand hin ausstrahlen und als Autobahnen für die Organellen dienen, werden abgebaut und wieder zusammengesetzt, um eine vollständig neue Struktur zu erzeugen, die mitotische Spindel, die dazu dient, an jede Tochterzelle einen vollständigen Satz von Chromosomen zu verteilen (Abb. S. 51, 58). Die Zellteilung ist ein hervorragendes Beispiel dafür, wie dieselben Biomoleküle vollkommen unterschiedliche Strukturen erzeugen können, die davon abhängen, wie sie in der Zelle zusammengesetzt sind.

Zellen gestalten unzählige Formen, wenn sie Gewebe und Organe bilden. Wie sich Biomoleküle zu Organellen und Filamenten organisieren, so organisieren sich Zellen zu Mustern (Camazine et al. 2001). Um dies zu leisten, müssen die Zellen untereinander nach speziellen Richtlinien kommunizieren. In der Fliege *Drosophila melanogaster* zum Beispiel erhalten Zellen ihre Information in Gestalt von signalisierenden Molekülen, den Morphogenen, die von einer Zellpopulation zu einer anderen übertragen werden. Diese Moleküle bilden räumliche Gradienten, die ihre Zellen über ihre relative Position innerhalb des sich entwickelnden Organs instruieren. „Fühlt" eine Zelle eine hohe Konzentration, dann ist sie nahe an einer Morphogenquelle. Zellen nehmen aktiv an der Entstehung dieser Gradienten teil, indem sie die Morphogene aufnehmen und von Zelle zu Zelle weiterreichen. Zu diesem Zweck verwenden sie das organelleninterne Transportsystem. Unsere Kenntnisse der Zellorganisation helfen uns daher zu verstehen, wie die Kommunikation zwischen den Zellen in einer komplexen vielzelligen Struktur wie einem Gewebe auftritt.

Auf gewisse Art und Weise zeigen Zellen ein „soziales Verhalten", aus dem schließlich die wohldefinierten Muster und Gewebeformen resultieren. Um die Trennung zwischen

ing them on from cell to cell. For this purpose they use the intra-organelle transport system. Therefore our knowledge of cell organisation helps us to understand how cell-to-cell communication occurs in a more complex multi-cellular structure such as a tissue.

In a way cells adopt a "social behavior" which ultimately results in the defined patterns and shapes of tissues. To maintain segregation between different parts within a tissue, they form compartment boundaries which prevent neighboring cells trespassing into their territory. Similar mechanisms to those observed in simple organisms like flies and worms operate in higher organisms. Zebra-fish is a model system used by scientists to study the development of vertebrates (ill. p. 76, 80, 83) because a great variety of interesting mutants can be kept in aquaria within limited space. Since molecular principles are generally conserved during evolution, studies in fish instruct us on the development of higher organisms, such as mice and humans. The mouse is the system of choice for studying more advanced processes that are related to human development and have biomedical applications. On organisms like these researchers study how specific genes induce individual cells to behave like a population, to form tissues and tissues to undergo dramatic changes in shape as in the developing embryo (ill. p. 83). Observing developmental processes in living organisms is an experience of rare intensity. Remarkable structures are formed by the spatial arrangement of cells during the process of organogenesis. Studies of mutations have identified important genes, such as those essential for the generation and proper connections of nerve cells in the brain (ill. p. 76) or in the retina (ill. p. 78, 80). However, we still do not understand what mechanisms allow cells to specialise and give rise to the many cell types in an organism. Consider for example how neurons originate (ill. p. 77, 81). At some point in development, specialised neuroepithelial cells modify their fate and become neurons. This is a critical event that determines the cognitive ability of our brain and has profound implications for biomedical research. As cell and developmental processes are elucidated they reveal information on the causes of human illness such as infectious diseases, cancer or Alzheimer's disease (ill. p. 46, 52). Understanding the control mechanisms responsible for the generation of nerve cells is essential to design new therapeutic approaches for human neurodegenerative disorders such as Parkinson's disease, or for the treatment of spinal cord injury. Some of these problems are better approached in other organisms. Axolotls, for example, have the unique property of re-

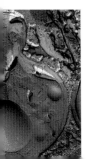

verschiedenen Bereichen eines Gewebes aufrechtzuerhalten, bilden sie Grenzen, die Nachbarzellen davon abhalten, in ihr Territorium einzudringen. Ähnliche Mechanismen wie in einfachen Organismen, etwa Fliegen und Würmern, wirken auch in höheren Organismen. Um die Entwicklung von Wirbeltieren zu untersuchen, verwenden die Wissenschaftler den Zebrafisch als Modell, weil in einem Aquarium viele interessante Mutanten auf begrenztem Raum gehalten werden können (Abb. S. 76, 80, 83). Da molekulare Prinzipien im Allgemeinen während der Evolution erhalten bleiben, verweist uns das Studium der Fische auf die Entwicklung höherer Organismen wie Mäuse und Menschen. Mäuse wurden gewählt, um fortgeschrittenere Prozesse zu studieren, die mit der menschlichen Entwicklung zusammenhängen und biomedizinische Anwendungen besitzen. An Organismen wie diesen ergründen die Forscher, wie spezifische Gene individuelle Zellen dazu bringen, sich wie eine Population zu verhalten, Gewebe zu bilden und wie das Gewebe etwa eines sich entwickelnden Embryos dramatische Änderungen der Gestalt erfährt (Abb. S. 83). Die Beobachtung von Entwicklungsprozessen in lebenden Organismen ist eine Erfahrung von seltener Intensität. Während der Bildung von Organen bilden Zellen in ihrem räumlichen Arrangement bemerkenswerte Strukturen. Bei Mutationsstudien wurden bedeutende Gene entdeckt, zum Beispiel jene, die für die Erzeugung und die richtigen Verbindungen von Nervenzellen im Gehirn (Abb. S. 76) oder in der Netzhaut (Abb. S. 78, 80) wesentlich sind. Wir haben jedoch immer noch nicht verstanden, welche Mechanismen dafür verantwortlich sind, dass sich Zellen spezialisieren und zu den unterschiedlichen Zelltypen eines Organismus führen. Betrachten wir zum Beispiel, wie Neuronen entstehen (Abb. S. 77, 81). An einem gewissen Punkt der Entwicklung verwandeln sich Neuroepitheli-Zellen und werden zu Neuronen. Dies ist ein entscheidendes Ereignis, das die kognitiven Fähigkeiten unseres Gehirns bestimmt. Es hat weit reichende Folgen für die biomedizinische Forschung. Die Erklärung von Zell- und Entwicklungsprozessen liefert Informationen über die Ursachen von Infektionskrankheiten, Krebs oder Alzheimer (Abb. S. 46, 52). Das Verständnis des Kontrollmechanismus, der für die Entstehung von Nervenzellen verantwortlich ist, ist grundlegend für die Entwicklung neuer Therapien im Kampf gegen neurodegenerative Störungen wie der Parkinsonkrankheit oder für die Behandlung von Verletzungen des Rücken-

generating their spinal cord as well as other parts of their body after injury (ill. p. 54). Humans and mammals in general have very limited regenerative properties. If we discover which mechanisms were lost during evolution we may one day learn how to reactivate them.

These examples give only a glimpse of what goes on in our cells and in our tissues. They are representative of the cellular machineries that continue to be unraveled and inspire biologists in the third millennium. Biologists, like artists, are probing into the unknown. We are excited when we encounter the unexpected, when we solve a molecular puzzle, when we manage to identify a long-sought molecular switch. Every new discovery, little or revolutionary as it can be, shows how incredibly beautiful nature is at the micro- and nano-scale level. Investigations are guided by a hypothesis, a vision. When moving into the nanoworld of cell biology we open up vistas never seen before. But as we progress towards our understanding, we *interpret* reality. Every scientist looks at a scientific problem from his or her angle, like an artist. We interpret how molecules and cells interact. In this respect, it is important to consider that the act of representing life at this scale not only describes but, in a way, creates an object. When imaging a molecule, a cell or an organism we choose among different molecular tools, techniques, experimental designs. The pictures we produce through this variety of approaches reflect our individual way to perceive and communicate what is, ultimately, the brilliance of life. It is our hope that the art, in this double sense, contained in these beautiful and powerful mechanisms of nature will also be approached, explored, and questioned by non-scientists. Gentle bridges between art, architecture and science will bring together communities that can only profit from each other.

Marino Zerial and the MPI-CBG research teams, July 2002

marks. Einige dieser Probleme werden besser an anderen Organismen untersucht. Axolotls zum Beispiel besitzen die einzigartige Eigenschaft, ihr Rückenmark und auch andere Teile ihres Körpers nach einer Verletzung zu regenerieren (Abb. S. 54). Menschen und Säugetiere im Allgemeinen haben dagegen nur sehr begrenzte regenerative Eigenschaften. Falls wir herausfinden können, welche Mechanismen im Laufe der Evolution verloren gegangen sind, können wir sie vielleicht eines Tages reaktivieren.

Diese Beispiele können nur einen ersten Eindruck von dem liefern, was in unseren Zellen und in unserem Gewebe vor sich geht. Sie sind jedoch repräsentativ für die zellulären Vorgänge, die immer mehr enträtselt werden und Biologen im dritten Jahrtausend inspirieren. Biologen, darin Künstlern gleich, erkunden das Unbekannte. Wir sind begeistert, wenn wir etwas Unerwartetes entdecken, ein molekulares Rätsel lösen, wenn wir es schaffen, einen lang gesuchten molekularen Schalter zu identifizieren. Wie bedeutend eine neue Entdeckung auch sein mag, immer wird deutlich, wie unglaublich schön die Natur im Mikro- und Nanomaßstab ist. Forschungen lassen sich von Hypothesen leiten, von Visionen. In der Nanowelt der Zellbiologie erschliessen sich uns bisher ungekannte Einblicke. Doch der Fortschritt im Verstehen geht mit der Interpretation der Wirklichkeit einher. Jeder Wissenschaftler sieht ein Problem aus seiner Sicht, ähnlich einem Künstler. Wir *interpretieren*, wie Moleküle und Zellen interagieren. In diesem Sinn muss man sich klarmachen, dass die Darstellung von Leben in diesem Maßstab Objekte nicht nur beschreibt, sondern in gewisser Weise auch erzeugt. Wenn wir ein Molekül, eine Zelle oder einen Organismus beobachten, wählen wir aus verschiedenen molekularen Werkzeugen, Techniken und Versuchsanordnungen aus. Die Bilder, die wir mit dieser Vielfalt der Zugänge erzeugen, reflektieren unsere persönliche Weise der Wahrnehmung und Darstellung der Brillanz des Lebens. Wir hoffen, dass die Kunst in diesem doppelten Sinn, wie sie in diesen schönen und kraftvollen Mechanismen der Natur enthalten ist, auch von Laien wahrgenommen, studiert und befragt wird. Sanfte Übergänge zwischen den Räumen von Kunst, Architektur und Wissenschaft werden so geschaffen, von denen alle Beteiligten nur profitieren können.

Marino Zerial und die Forschungsteams des MPI-CBG, Juli 2002

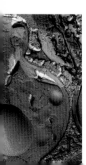

Lehninger, A. L.: *Biochemistry*, 2. Aufl., Worth Publishers, Inc., New York, 1981.
Camazine, S., Deneubourg, J.-L., Franks, N. R., Sneyd, J., Theraulaz, G. und Bonabeau, E.: *Self-Organization in Biological Systems*, Princeton University Press, Princeton, 2001.
Chalfie, M., Tu, Y., Euskirchen, G., Ward, W. W., Prasher, D. C.: *Green fluorescent protein as a marker for gene expression*, Science 263, S. 802-805, 1994.
Eisen, J. A.: *Brouhaha over the other yeast*, Nature 415, S. 845-847, 2002.

Lehninger, A. L.: *Biochemistry*, 2d ed., Worth Publishers, Inc., New York, 1981.
Camazine, S., Deneubourg, J.-L., Franks, N.R., Sneyd, J., Theraulaz, G. and Bonabeau, E.: *Self-Organization in Biological Systems*, Princeton University Press, Princeton, 2001.
Chalfie M, Tu Y, Euskirchen G, Ward WW, Prasher DC. *Green fluorescent protein as a marker for gene expression*. Science 263, 802-805,1994.
Eisen, J. A. *Brouhaha over the other yeast*. Nature 415, 845-847, 2002.

Biologie kommunizieren:

Entwurf und Gestaltung eines Labors für Molekulare Zellbiologie

von R. Anthony Hyman

Ein Labor in Dresden

Dresden war die königliche Residenz Sachsens. An der alten Route Wien – Prag – Dresden – Berlin gelegen, war die Stadt das Zentrum eines ausgedehnten Kommunikationsnetzwerks, das bis nach Osteuropa reichte. Mit seiner berühmten Oper, einem der großen Kunstmuseen der Welt, dem großartigen Panorama des Elbufers und nahe gelegenen Schätzen wie Pillnitz ist Dresden eine attraktive Stadt zum Leben. Der Plan, ein Institut für Molekulare Zellbiologie in Dresden zu gründen, erfuhr überdies tatkräftige Unterstützung durch Kurt Biedenkopf, den Ministerpräsidenten von Sachsen. So bestanden sowohl für die Zusammenarbeit mit bestehenden Institutionen als auch für die Gründung neuer Einrichtungen gute Aussichten.

Die fünf wissenschaftlichen Direktoren des Instituts sind finnischer, deutscher, englischer, italienischer und australischer Nationalität, was die Internationalität gewährleistet, die für moderne wissenschaftliche Forschung grundlegend ist. Die Arbeitssprache ist Englisch, die Sprache der internationalen Wissenschaft. Drei der Direktoren, Kai Simons, Tony Hyman und Marino Zerial, kamen vom Europäischen Labor für Molekularbiologie (EMBL) in Heidelberg, ein weiterer, Wieland Huttner, von der Universität Heidelberg, wo sie bis kurz vor dem Umzug nach Dresden und der Eröffnung des neuen Instituts arbeiteten. Die Atmosphäre zum Zeitpunkt der Gründung einer Institution bleibt während ihrer gesamten Existenz prägend. In diesem Fall haben die Direktoren beim Aufbau der Laboratorien zusammengearbeitet, und weil ihre Teams bis kurz vor dem Umzug an ihren Forschungen weiterarbeiteten, waren sie in der Lage, diese nahezu ohne Unterbrechung in Dresden fortzuführen. Der fünfte Direktor, der Biophysiker Joe Howard, brachte eine Arbeitsgruppe aus Seattle mit. Die Labors der Direktoren sind verhältnismäßig klein. Die Gruppenleiter haben autonome Arbeitsgruppen, die in ihren Forschungen weitgehend unabhängig sind. Dies alles gibt einen Einblick in die Zukunft der europäischen Wissenschaft: kosmopolitisch und ungezwungen, mit erstklassigen technischen Einrichtungen.

Das Wesen von Entwurf und Gestaltung

Selten, wenn überhaupt, ist Gestaltung eine bloß technische Frage.[1] Sucht man nach einem Zusammenhang zwischen

Communicating Biology:

The Design of a Molecular Cell-Biology Laboratory

by R. Anthony Hyman

A Laboratory in Dresden

Dresden was the royal capital of Saxony. On the old route – Vienna, Prague, Dresden, Berlin – Dresden was the centre of a wide communications network reaching into East Europe. With the famous opera, one of the great art galleries of the world, the magnificent panorama of the flood basin of the Elbe, and surrounding treasures including Pillnitz Dresden is an attractive city to live in. Moreover the plan to establish a molecular-cell-biology laboratory in Dresden received solid support throughout from Herr Biedenkopf, the Minister-President of the Saxony Land, and the prospects were good both for collaboration with existing institutions and for establishing new facilities.

The five scientific directors are of different nationalities: Finnish, German, English, Italian, and Australian, providing the international flavour fundamental to so much modern scientific research, and the working language of the Institute is English, the language of international science. Three of the directors were at the European Molecular Biology Laboratory (EMBL) in Heidelberg (Kai Simons, Tony Hyman, and Marino Zerial) and one at Heidelberg University (Wieland Huttner), and continued working right up to the move to Dresden and opening of the new Institute. The atmosphere at the launch of an institution is liable to colour the atmosphere throughout its existence. In this case the directors had worked together in creating the laboratories, and because their groups had continued research right up to the time of the move they were able to hit the ground running. The fifth director (Joe Howard), a biophysicist, brought a working group from Seattle. The laboratories of the directors are comparatively small and group leaders have autonomous working groups with wide independence in their research. This gives a glimpse of the future of European science: cosmopolitan and informal, with first class technical facilities.

The Nature of Design

Rarely if ever is design merely a technical question,[1] and if anyone seeks for a relation between science and art they need only look for something that is designed.[2] Nor is it merely a matter of embellishment. Aesthetic design is implicit in satisfactory function and can impinge directly on apparently purely technical questions. In CAD (computer-aided-design) such questions, which had previously been the subject of meandering discussions over cups of coffee far into the night, became problems

Wissenschaft und Kunst, muss man nur etwas betrachten, was gestaltet wurde.[2] Design in diesem Sinn ist auch nicht nur eine Sache der Verschönerung, denn ästhetisches Design ist in einer zufrieden stellenden Funktionalität enthalten und kann sich direkt auf rein technische Fragen auswirken. Beim CAD (Computer aided design) wurden solche Fragen, früher das Thema nächtelanger Diskussionen, zu Problemen, die Arbeitsentscheidungen erforderten[3], denn Computer können nur das leisten, was man ihnen befiehlt, und die Instruktionen müssen präzise sein. Das Aufkommen des CAD hat daher zu detaillierteren Analysen des Entwurfsprozesses geführt. Ein Problem, das sich wie ein roter Faden durch das gesamte Thema zieht, ist die Notwendigkeit, die beiden Aspekte des Entwerfens in Einklang zu bringen: die präzisen technischen Anforderungen, die im Prinzip im CAD verarbeitet werden können, und die ästhetischen Anforderungen, die nur im Kopf des Gestalters entworfen werden können.

Das architektonische Entwerfen wirft zahlreiche Probleme auf, formale wie informelle, aber die Befriedigung ästhetischer Bedürfnisse ist für die Schaffung einer befriedigenden Arbeitsumgebung in jedem Fall wesentlich. Der Entwurf eines Labors wirft komplexe Probleme auf, für die die Tradition nur begrenzt herangezogen werden kann. Es gibt sicherlich Gewohnheiten in der wissenschaftlichen Praxis, die berücksichtigt werden müssen, aber sie geben bestenfalls einen Rahmen vor. Überdies ändert sich die Wissenschaft rapide, insbesondere die Zellbiologie in ihrem gegenwärtigen Stadium, und die Entwürfe von gestern entsprechen wahrscheinlich nicht mehr den heutigen Anforderungen und erst recht nicht mehr heute anvisierten Anforderungen der Zukunft. Daher ist es nicht nur nötig, die heutigen Gegebenheiten zu analysieren, sondern eine Umgebung und Mechanismen zu schaffen, die für Anpassungen und Veränderungen offen sind. Diese notwendige Flexibilität wurde von Anfang an bei allen Aspekten des Entwurfs und der Organisation des Labors berücksichtigt. Gruppenleiter zum Beispiel werden nicht fest, sondern nur auf Zeit angestellt. Danach werden sie die in einer modernen Forschungsstätte gewonnenen Erfahrungen mit sich nehmen und anderswo fruchtbar werden lassen.

Formale und informelle Sprache
Die Sprachen der Gestaltung, die formale Sprache des technischen Entwurfs und die informelle Sprache der Kunst,

requiring working decisions,[3] because computers can only do as they are told and instruction must be precise. Thus the advent of CAD has led to a more detailed analysis of the design process. One problem which runs like a red thread through all design is the need to keep the two aspects of design, the precise technical requirements, which are capable in principle of being incorporated in CAD, and the aesthetic requirements which can only be established in the minds of the designers, developing together in harmony.

Architecture raises many problems in design, both formal and informal, but the need to satisfy aesthetic requirements is fundamental to the establishment of a satisfactory working environment. Design of a laboratory raises complex problems for which tradition is of limited use. Certainly there are habits in scientific practice to be considered, but they are at best only a beginning. Moreover science changes rapidly, particularly cell biology at its present stage, and the designs of a previous decade are unlikely to meet present requirements, let alone be suitable even for presently envisaged future requirements. Thus it is not only necessary to analyse present requirements but also to provide an environment and mechanisms for adaptation and change. This need for versatility has from the beginning been built into all aspects of the design and organisation of the Laboratory. For example group leaders are untenured and appointed for limited periods. Then they will take with them their experience of a modern research facility and have a revivifying effect on other institutions.

Language: Formal and Non-Formal
The languages of design, the formal language of technical design and the non-formal language of art differ fundamentally. The need to keep the formal and the non-formal – in design the technical and aesthetic requirements – moving and developing together is evident throughout this project. The two aspects of language appear in the widest range of questions. For example they are reflected in the structure of laboratory groups: that is to say the groups incorporate formal structures, but also informal organisation which is in principle incapable of formal analysis. It is significant that the same dichotomy is reflected in the two meanings of the word symmetry: formal mathematical symmetry; and, secondly, harmony or balance.[4] Formal logical structures are developed formally, and in applications there is always the question of how closely they model reality. Information about the system being modelled is necessarily incomplete and the

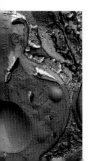

unterscheiden sich wesentlich voneinander. Die Notwendigkeit, beide in der Ausgestaltung der technischen und der ästhetischen Anforderungen miteinander zu bewegen und gemeinsam zu entwickeln, ist bei diesem Projekt allgegenwärtig. Die beiden Aspekte der Sprache tauchen in den unterschiedlichsten Fragen auf. Sie spiegeln sich zum Beispiel in der Struktur der Laborgruppen wider: Die Gruppen beinhalten formale Strukturen, aber gleichzeitig informelle Organisation, die im Prinzip nicht zu formaler Analyse in der Lage ist. Es ist bezeichnend, dass dieselbe Dichotomie sich auch in den beiden Bedeutungen des Wortes Symmetrie widerspiegelt: einerseits formale mathematische Symmetrie, andererseits Harmonie oder Ausgewogenheit.[4] Formale logische Strukturen werden formal entwickelt, und bei der Anwendung entsteht immer die Frage, wie genau sie die Realität modellhaft wiedergeben. Die Informationen über das modellhaft abgebildete System sind notwendigerweise unvollständig, und das Modell hat mit der Zeit die Tendenz, sich immer weiter von der wahrgenommenen Realität zu entfernen. Beispiele hierfür sind die Simulation des Klimas, ökologische Modelle oder die Modellierung biologischer Funktionen und Strukturen. Formalen Strukturen wohnt auch eine Reihe von Begrenzungen inne, die zuerst von Kurt Gödel identifiziert wurden: Probleme der Vollständigkeit und Konsistenz.

Diese Dichotomie hat weit reichende Folgen. Es wurde des Öfteren angemerkt, dass der genetische Code gewisse Ähnlichkeiten mit der Codierung von Computersprachen besitze. Zwischen Computersprachen und der Sprache biologischer Strukturen gibt es jedoch sowohl in ihrer Struktur als auch in ihrer Arbeitsweise grundlegende Unterschiede. Die formalen Sprachen sind die Sprachen der Mathematik und der formalen Logik, das Studium des Verhaltens abstrakter Modelle. Genetische Codierung ist dagegen kein rein formaler Prozess: Sie muss mit einer vernünftigen Wahrscheinlichkeit funktionieren, ist aber nicht der Forderung nach Vollständigkeit und Konsistenz unterworfen. Ihre Fähigkeit, mit einer sich verändernden Umgebung umzugehen, liegt gerade darin begründet, dass sie kein formales System ist. Die in den Genen kodierte biologische Information hat sich simultan mit ihren Möglichkeiten des physischen Ausdrucks entwickelt, sie sind Teile desselben Evolutionsprozesses. Obgleich sie digital kodierte Strukturen beinhalten, sind lebende Systeme zugleich informell und grundlegend komplex ange-

model is prone to grow more distant from perceived reality as time passes, for example in climate simulation, ecological modelling, or in modelling biological function and structure. There is also the class of limitations inherent in formal structures that was first identified by Kurt Gödel: problems of completeness and consistency.

This dichotomy has wide implications. It has often been observed that the genetic code has certain similarities to the coding of computer languages. However there are basic differences both in their structure and their modes of operation between computer languages and the language of biological structures. The formal languages are those of mathematics and formal logic, the study of the behaviour of abstract models. Genetic coding is not a purely formal process: it simply has to work with reasonable probability and is not subject to requirements of completeness and consistency. Indeed its ability to cope with a changing reality depends on just that: that it is a non-formal system. Biological information coded in the genes has developed simultaneously with its means of physical expression, part of the same evolutionary process. While they incorporate digitally coded structures, living systems are at once non-formal and fundamentally complex. Similarly natural languages are *au fond* non-formal and belong to the imprecise world of art, suited to expressing one's ideas and feelings. Following the work of Noam Chomsky innumerable attempts have been made to define natural languages in terms of generative grammars but such Procrustean efforts are doomed to fail. Natural languages are like living things, shifting, changing and evolving: in a word, emerging.

Biological Aspects

It would appear that cell biology can develop in two principal directions: detailed structural analysis on an atomic scale to study such questions as the growth of polymers, the mode of operation of molecular building blocks as switches, molecular motors, and the innumerable questions associated with intangible quantum effects; and going from the structure and behaviour of individual cells to the ways in which they interact to form living tissue. The Dresden Institute of Molecular Cell Biology has chosen the second path.

The choice of organism is crucial for cellular biology, and each set of studies depends on the choice of organism, or 'vehicle' for that research. In particular the Institute at present uses transgenic mice (ill. p. 51, 77, 81), the frog *Xenopus*, axolotals (ill. p. 53, 54), *zebrafish* (ill. p. 76, 78, 80, 83), the celebrated fruit fly *Drosophila mela-*

legt. Auf gleiche Weise sind natürliche Sprachen im Grunde informell und gehören zu der nicht-präzisen Welt der Kunst, dazu geeignet, Ideen und Gefühle auszudrücken. Noam Chomskys Arbeiten folgend, wurden unzählige Versuche unternommen, die natürlichen Sprachen in Begriffen generativer Grammatiken zu definieren, aber derartige Bemühungen sind zum Scheitern verurteilt. Natürliche Sprachen sind wie lebende Dinge, sie verändern und entwickeln sich, kurz: Sie entstehen.

Biologische Aspekte

Es scheint, dass sich die Zellbiologie in zwei Hauptrichtungen entwickeln kann: detaillierte Strukturanalyse im atomaren Maßstab, um Fragen nach dem Wachstum von Polymeren, der Arbeitsweise von molekularen Bauteilen als Schalter oder molekularen Motoren zu klären; sie kann versuchen, die unzähligen Fragen im Zusammenhang mit nicht greifbaren Quanteneffekten zu beantworten. Die Zellbiologie kann aber auch versuchen zu verstehen, wie, ausgehend von der Struktur und dem Verhalten einzelner Zellen, diese interagieren, um lebendes Gewebe zu bilden. Das Dresdener Institut für Molekulare Zellbiologie hat den zweiten Weg gewählt.

Die Wahl des Organismus ist für die Zellbiologie entscheidend, und die Studien hängen von dieser Wahl, dem „Forschungsvehikel", ab. Das Institut verwendet zur Zeit insbesondere transgene Mäuse (Abb. S. 51, 77, 81), den Frosch *Xenopus*, Axolotls (Abb. S. 53, 54), Zebrafische (Abb. S. 76, 78, 80, 83), die berühmte Fruchtfliege *Drosophila melanogaster* (Abb. S. 50, 55, 82), den fast ebenso berühmten Fadenwurm *Caenorhabditis elegans* (Abb. S. 51, 58, 79) und Hefe (Abb. S. 50). Jedes Institut kann sich nur auf eine Handvoll der unzähligen faszinierenden Eigenschaften lebender Organismen konzentrieren. Gegenwärtig untersucht das Institut für Molekulare Zellbiologie in Dresden unter anderem die Organisation von Zellmembranen und den Transport von Vesikeln, molekulare Mechanismen, die die Mitose (Zellteilung) kontrollieren, die Rolle von Mikrotubuli bei der Mitose (Abb. S. 58), die Funktionsweise molekularer Motoren (Abb. S. 45), die zum Beispiel Zellorganellen entlang der Mikrotubuli und Aktinfilamente transportieren, sowie die Organisation der Zellkerne. In einem etwas größeren Maßstab gibt es zahlreiche Studien, die die Art und Weise beleuchten, wie die Kommunikation von Zelle zu Zelle über verschiedene Entfernungen hinweg funktioniert und wie sich die Organisation in

nogaster (ill. p. 50, 55, 82), the almost equally celebrated nematode *Caenorhabditis elegans* (ill. p. 51, 58, 79), and yeast (ill. p. 50). Amongst the innumerable fascinating aspects of living organisms any institute can only focus on a handful of properties. Those at present under investigation at the Molecular Cell-Biology Institute in Dresden include: the organisation of cell membranes and vesicular transport, molecular mechanisms controlling mitosis (cell division), the role of microtubules in mitosis (ill. p. 58), the functioning of molecular motors (ill. p. 45), which for example transport organelles along microtubules and actin filaments; and the organisation of cell nuclei. Moving to a slightly larger scale there is a range of studies investigating the manner in which cell to cell communication functions over various ranges of distance and organisation develops in functional units, including a range of smaller structures, as well as macroscopic units such as blood vessels, skin, bones, the liver, the heart. However, this is a changing and developing set of problems as one research project solves certain problems, and unearths many more. That is why flexibility is so essential.

Problems for the Future

Lurking behind cell biology at present are a number of global problems. Neuroscience raises special questions of long-range interactions and their relation to local effects. One question arises from 'complex adaptive systems'. Low-level behaviour generates higher-level behaviour that obeys quite different laws. How such higher-level behaviour arises is the subject of much discussion, and appears equally in biological systems and in sociological questions such as the organisation of cities, though there is a basic distinction between the more amorphous sociological entities and biological systems: all multicellular organisms are based on a single structural component, the eukaryotic cell. Behaviour of this kind is often referred to as 'emergent'. However, there are two kinds of emergent system which need to be clearly distinguished. Some simple mathematical systems show 'emergent' behaviour, but they are merely another set of examples of deterministic systems, even though a measure of randomness or 'chance' can be introduced. However, chance is not enough. Biological and social systems exhibit emergent properties which are not only far more complex but fundamentally non-determinist. It may to some degree be possible to model such systems mathematically but they are different in kind. Certainly crucial points in the cell cycle are highly determined, and the genetic code is a digital structure, but how far its expression is formal remains an

Diskussion in der „Piazzetta"
Discussion in the „Piazzetta"

Funktionseinheiten entwickelt. Unter diesen befinden sich zahlreiche kleinere Strukturen, aber auch makroskopische Einheiten wie Blutgefäße, Haut, Knochen, die Leber und das Herz. Diese Probleme verändern und entwickeln sich jedoch laufend weiter, denn jedes Forschungsprojekt löst einige von ihnen und gräbt viele andere aus. Daher ist Flexibilität so wesentlich.

Probleme der Zukunft

Jenseits der Zellbiologie scheinen gegenwärtig zahlreiche globale Probleme auf. Die Neurowissenschaften stellen spezielle Fragen über langfristige Interaktionen und ihre Beziehung zu lokalen Effekten. Eine Frage ergibt sich aus den „komplexen adaptiven Systemen". Verhalten auf niedrigem Niveau erzeugt Verhalten auf höherem Niveau, das ganz anderen Regeln gehorcht. Es wird viel diskutiert, wie dieses Verhalten auf höherem Niveau entsteht, denn es tritt nicht nur in biologischen Systemen auf, sondern auch in soziologischen Fragestellungen wie der nach der Organisation von Städten. Es besteht jedoch ein grundlegender Unterschied zwischen den eher amorphen soziologischen Einheiten und den biologischen Systemen: Alle vielzelligen Organismen basieren auf einer einzigen strukturellen Komponente, der eukaryontischen Zelle. Verhalten dieser Art wird oft als „emerging" (neu entstehend) bezeichnet. Es gibt jedoch zwei Arten von entstehenden Systemen, die klar unterschieden werden müssen. Einige einfache mathematische Systeme zeigen neu entstehendes Verhalten, aber sie sind lediglich Beispiele für deterministische Systeme, selbst wenn ein Maß für „Zufälligkeit" eingeführt werden kann. Zufall reicht jedoch nicht aus. Biologische und soziale Systeme besitzen neu entstehende Eigenschaften, die nicht nur wesentlich komplexer, sondern auch von Grund auf nicht deterministisch sind. Es kann bis zu einem gewissen Grad möglich sein, derartige Systeme mathematisch zu modellieren, aber sie sind unterschiedlicher Natur. Kritische Zeitpunkte im Zellzyklus sind sicherlich in höchstem Maße determiniert, und der genetische Code ist eine digitale Struktur, aber in wie weit seine Übersetzung formal ist, bleibt offen. Möglicherweise sind die Teile des Genoms, die in höchsten Grad konserviert sind, auch die mit dem höchsten Grad an formaler Übersetzung. Es ist zur Zeit jedoch kaum verstanden, wie biologische Systeme formale und nicht-formale Elemente kombinieren, um ihr unglaublich hohes Niveau an Funktio-

open question. Possibly those parts of the genome that are most highly conserved are also those with the greatest degree of formal expression. However, the ways in which biological systems combine formal and non-formal elements to achieve their almost incredibly high levels of function and reliability is at present little understood.

To take another example, the much discussed 'science of consciousness' is a contradiction in terms, because the study involves such non-scientific questions as epistemology. However, the question of the physical basis of consciousness is a scientific problem, and an entirely unsolved problem at that. Peter Medawar defined science as 'the art of the possible', and according to Medawar's definition such questions – and many more technical examples could be given – lie beyond the limits of science at present. They may, however, serve as salutary reminders of just how little is understood of the detailed operation of cellular structures in spite of the advances of recent decades.

Problems in cellular biology involve the interaction of many disciplines, both within the current framework of cell biology and from outside the subject. One direction is the import of novel physical techniques, and the Institute is involved in the joint development with microscope manufacturers of novel microscopes designed for biological problems. Particular attention has been paid to provision of technical facilities. One example is ten vibration-free rooms in the basement. In each room a massive concrete block rests on pneumatic bearings, and the working instruments are connected to the concrete blocks through false floors. Such facilities are invaluable for biophysics and really need to be designed into the building from an early stage. This generous provision is a major asset.

At any stage such future developments as can be envisaged may sometimes appear remote. However, it is unwise to be dogmatic about such matters. Apparently remote questions can suddenly become proximate and in a rapidly developing subject such as

nalität und Zuverlässigkeit zu erreichen. Ein weiteres Beispiel ist die viel diskutierte „Bewusstseinsforschung". Diese enthält einen Widerspruch in sich, denn ihr Studium beinhaltet nicht-wissenschaftliche Fragen wie die der Erkenntnistheorie. Die Frage nach der physischen Grundlage des Bewusstseins ist jedoch durchaus ein wissenschaftliches Problem – noch dazu ein ganz und gar ungelöstes. Peter Medawar definierte Wissenschaft als die „Kunst des Möglichen". Gemäß dieser Definition liegen derartige Fragen gegenwärtig außerhalb ihrer Möglichkeiten. Wir könnten zahlreiche weitere Beispiele dieser Art liefern, und immerhin mögen diese Probleme uns daran erinnern, wie wenig wir trotz der Fortschritte der letzten Jahrzehnte von der detaillierten Arbeitsweise von Zellstrukturen verstehen.

Die Problemstellungen der Zellbiologie erfordern das Zusammenwirken vieler Disziplinen, sowohl innerhalb der gegenwärtigen Zellbiologie wie auch außerhalb. Ein wichtiger Zweig ist die Einführung neuer physikalischer Techniken. Das Institut arbeitet mit der Industrie an der Entwicklung neuer Mikroskope speziell für biologische Fragestellungen. Besondere Aufmerksamkeit wurde ferner den technischen Einrichtungen geschenkt. Ein Beispiel hierfür bilden zehn vibrationsfreie Räume im Untergeschoss. In jedem Raum ruht ein massiver Betonblock auf pneumatischen Trägern, und die Arbeitsinstrumente sind mit den Betonblöcken über doppelte Böden verbunden. Derartige für Biophysiker immens wertvolle Einrichtungen müssen von Anfang an in ein Bauwerk eingeplant werden. Sie sind ein wichtiger Pluspunkt des Instituts.

In einem jedem Planungsstadium scheinen solche möglichen Zukunftsentwicklungen noch weit entfernt zu liegen. Es wäre jedoch unklug, an solche Dinge dogmatisch heranzugehen. Scheinbar weit entfernte Probleme können urplötzlich aktuell werden. In einer sich so schnell entwickelnden Materie wie der Zellbiologie werden sicherlich neue Probleme auftauchen, die gegenwärtig nicht vorhersehbar sind. Zur Planung eines Labors mit einer langen Lebensspanne gehört daher wesentlich, dass es für die Entwicklung von Neuerungen offen ist und diese in die Praxis eingeführt werden können. Das setzt voraus, dass informelle Prozesse beachtet werden, etwa mit welcher Leichtigkeit sich das Team vermischt und während seiner Arbeit kommuniziert oder mit anderen Labors und anderen Disziplinen Kontakt hält, und es setzt eine kongeniale Arbeitsumgebung voraus.

cell biology there will quite surely be new problems which cannot at present be envisaged. Thus in establishing a laboratory which will have a long life span it is vital to the longer range future to provide for the development of novelty, and for its practical implementation. To do this successfully requires attention to informal matters, such as the ease with which staff mix and communicate during their work, contacts with other laboratories and other disciplines, and a congenial working environment.

Designing a Laboratory

A satisfactory architectural design is in many ways essential to the establishment of a successful laboratory. The design procedure of the Molecular Cell Biology Institute was unusual. A well-known Finnish architectural partnership, Heikkinnen–Komonen, who had not only designed the Finnish Embassy in Washington but had previous experience in laboratory design, was selected as principal architects and was in discussion with the scientific directors well before any contract had been signed. Thus the directors were involved in the design, and the detailed requirements of the users were incorporated in the plans for the Laboratory from the beginning. This may seem an obvious procedure but in the public sector it is rare in laboratory design, and yet is essential to the development of a satisfactory building. While technical efficiency in matters such as heating must be considered, the real efficiency, scientific productivity, is more intangible and depends on creating a convenient, effective and pleasant working environment for the scientists.

The building was designed by a consortium of the Finnish architects and the German architectural firm of HENN, who were experienced in laboratory design. It has three principal components: the main laboratory block; an animal house; and a guest house for visiting scientists. To launch communication about the Institute a video camera on-site provided continuous coverage on the internet during construction of the building. From the

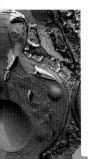

Diskussion im Atrium
Discussion in the Atrium

Entwurf eines Labors

Ein befriedigender architektonischer Entwurf ist in vieler Hinsicht essentiell für die Errichtung eines erfolgreichen Labors. Der Entwurfsprozess beim Institut für Molekulare Zellbiologie war ungewöhnlich. Ein renommiertes finnisches Architektenteam, Heikkinnen – Komonen, das nicht nur die finnische Botschaft in Washington entworfen hat, sondern auch Erfahrungen in der Gestaltung von Laboratorien mitbrachte, wurde als Planer engagiert. Der Austausch mit den wissenschaftlichen Direktoren begann schon, bevor ein Vertrag unterzeichnet worden war. Daher waren die Direktoren in den Entwurf mit einbezogen, und die Pläne für das Laboratorium berücksichtigten von Anfang an die Bedürfnisse seiner Nutzer. Dies mag selbstverständlich und unverzichtbar erscheinen, aber bei der Planung von Laboratorien im öffentlichen Sektor wird nur selten so verfahren. Während technische Effizienz in Bereichen wie der Haustechnik eine konkrete Anforderung darstellt, ist die eigentliche Effizienz, die wissenschaftliche Produktivität, nur schwer greifbar. Sie hängt davon ab, ob den Wissenschaftlern eine praktische, effiziente und angenehme Arbeitsumgebung geschaffen werden kann.

Das Gebäude wurde von den finnischen Architekten und dem deutschen Architektenbüro HENN entworfen, das ebenfalls über Erfahrungen im Laborbau verfügt. Es besteht aus drei Hauptkomponenten: dem Laborblock, dem Tierhaus und dem Gästehaus für Wissenschaftler, die zu Besuch weilen. Um das Institut ins Gespräch zu bringen, wurden mit Hilfe einer Videokamera vor Ort ständig Bilder des Bauprozesses ins Internet gestellt. Von Anfang an konzentrierten sich die Direktoren auf vier Hauptaufgaben:
a) technische Einrichtungen;
b) Hilfseinrichtungen;
c) eine praktische Arbeitsumgebung;
d) eine Struktur des Hauptgebäudes, die es erlaubt, dass sich die Wissenschaftler im Laufe ihrer Arbeit auf selbstverständliche Art und Weise begegnen, statt in ihren kleinen Zellen isoliert zu sein: Kommunikation! Kommunikation! Kommunikation!

Technische Einrichtungen

Als zentralisierte Einrichtungen des gesamten Labors bieten Arbeitsgruppen mit spezialisiertem Wissen und technischen Möglichkeiten eine ungewöhnlich große Auswahl von

beginning the Directors envisaged four main types of requirement. Provision of:
a) Technical facilities;
b) Ancillary facilities;
c) A congenial working environment;
d) And in such a way to structure the main laboratory building that scientists naturally meet during the course of their work, rather than being isolated in their little cells: Communication! Communication! Communication!

Services

An unusually wide range of services is provided as central facilities for the whole laboratory by dedicated groups with specialist knowledge and technical capabilities, including: mass-spectrometry, protein expression, antibody production, DNA sequencing, bioinformatics, a wide range of light microscopes, electron microscopy, computer services, photographic services, animal houses, and a mechanical workshop. In the more technical groups development of novel methods and procedures proceeds in collaboration with the scientists in the main laboratories. There is a range of cold rooms maintained at different temperatures. The institute has an advanced integrated communications network which in particular supports Apple/Mac computers with their emphasis on visual image processing. This is especially valuable because of digital microscopy's importance in the work of the Institute. The library on the ground floor is well equipped with computer facilities designed for conveniently searching the net.

Home Bases

The Laboratory is structured on 'home bases', each incorporating a number of scientific groups. The six home bases are housed on the top three floors. The group leaders have about eight research staff, the directors twelve. It is considered essential to keep the groups sufficiently small both to be manageable and to have

Dienstleistungen an, darunter Massenspektrometrie, Proteinexpression, Produktion von Antikörpern, DNS-Sequenzanalyse, Bioinformatik, eine große Auswahl an Lichtmikroskopen, Elektronenmikroskopie, Computerdienste, fotografische Dienste, Tierhäuser und eine Werkstatt. In den vorwiegend technischen Gruppen werden in Zusammenarbeit mit den Wissenschaftlern in den Hauptlaboratorien neue Methoden und Verfahren entwickelt. Es gibt verschiedene Kühlräume mit unterschiedlichen Temperaturen. Das Institut besitzt ein fortschrittliches Kommunikationsnetzwerk, das insbesondere die Mac-Computer von Apple, die stark in der Bildverarbeitung sind, unterstützt. Wegen der großen Bedeutung der digitalen Mikroskopie für die Arbeit des Instituts ist dies besonders wertvoll. Die Bibliothek im Erdgeschoss unterstützt mit ihrer großzügigen Computerausstattung die Nutzung des Internets.

Forschungsabteilungen

Das Labor ist in Forschungsabteilungen, so genannte „home bases" gegliedert. Jede von ihnen beherbergt mehrere Wissenschaftsgruppen. Die sechs Abteilungen liegen in den oberen drei Geschossen. Die Gruppenleiter haben um die acht, die Direktoren zwölf Mitarbeiter. Es wird Wert darauf gelegt, die Gruppen klein zu halten, damit sie überschaubar bleiben. Nur dank der beschriebenen zentralen technischen Dienste können die Forschungsgruppen so übersichtlich sein. An den Außenwänden sind Schreibtische platziert und von den Experimentierbereichen durch Glaswände abgetrennt. Auf diese Weise wirken die Labors leicht und luftig, und wer etwas zu Papier bringt, fühlt sich immer noch als Teil seiner normalen Arbeitsumgebung. Die Büros der Gruppenleiter und Direktoren liegen direkt neben den Labors, um eine einfache Kommunikation zu ermöglichen und die Gruppenleiter in ihre Arbeitsgruppen zu integrieren.

Die individuellen Laboratorien mit ihren Schreibbereichen befinden sich an den Seiten des Gebäudes. Zwischen ihnen verläuft ein ringförmiger Korridor. Innerhalb des Rings sind gemeinsame Einrichtungen wie Zentrifugen, Elektrophorese, Chemikalien, Waagen, Kühlräume und Labors für Gewebekulturen angesiedelt. Die kreisförmigen Korridore erleichtern die Kommunikation zwischen den Gruppen einer Forschungsabteilung und münden in die „Piazzetta", die man durchschreitet, wenn man eine Abteilung verlässt.

really effective communication within each group, but it is only possible to keep research groups small because of the wide range of technical services provided centrally. Desk space for writing is placed along the outside walls and separated from the experimental areas by glass screens, creating light and airy laboratories while those engaged in writing still feel part of their normal working environment. The offices of the group leaders, including the directors, are directly attached to the laboratories to encourage easy communication and to keep the group leaders directly part of the working groups.

The individual laboratories with their writing areas are on either side of the building. Between is a ring corridor, and inside the ring a set of communal facilities such as centrifuges, electrophoresis, chemicals, balances, cold rooms, and tissue-culture labs. The circulation corridors provide easy communication among the groups in each home-base, and debouche onto the piazzetta through which one passes when leaving a home base.

Informal Aspects

The main Laboratory is an imposing building near the flood plain of the Elbe and not far from the recreational facilities of the city centre. Two facades include green *brises-soleil* which combine with blue panelling to produce an arresting and attractive effect. The architectural design has been carried thorough with great attention to detail and shows an impressive formal unity. This rigorous unity of effect has been carried through into the interior of the building and gives an effective feeling of unity to the whole Laboratory. To encourage meeting, and to prevent any member of staff who may be unhappy about their results sneaking out of a back door, there is only one entrance to the building. The attribute of encouraging informal meeting and communication continues in the spacious, high and airy atrium inside the entrance, both a regular area of communication when walking through the building and a relaxing space for taking coffee or a drink. The conceptual artist George Steinmann has provided the atrium with two large sets of panels based on lichens, as well as a three screen video display based on images from cells, suitable for demonstration in art galleries. The atrium also provides access to an excellent canteen and to the main seminar room. A single wide main spiral staircase also encourages informal meeting and each of the four upper floors is again carefully designed to encourage meeting. On each of the upper floors the stairway debouches onto a piazzetta provided with comfortable chairs, which gives access to a small seminar room. The corridors to the

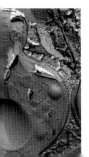

Informelle Aspekte

Das Hauptlabor liegt in der Nähe der Elbauen, nicht weit von den Freizeiträumen des Stadtzentrums entfernt. Die grünen Sonnenschutzgitter und die blaue Täfelung rufen einen eindrucksvollen Effekt hervor. Die gute Detaillierung und eindrucksvolle formale Einheit setzt sich im Inneren des Gebäudes fort. Um Begegnungen zu fördern – und keinem Wissenschaftler, der sich etwa verschämt davonstehlen wollte, eine Hintertür zu öffnen –, hat das Haus nur einen einzigen Eingang. Zwanglose Begegnungen werden durch das geräumige, hohe und luftige Atrium im Eingangsbereich gefördert. Hier treffen sich die Institutsangehörigen, reden miteinander und entspannen sich bei einer Tasse Kaffee. George Steinmann, als Künstler der Conceptual art nahe stehend, hat das Atrium mit zwei großen Wandobjekten, die mit Flechten als Bildmotiv arbeiten, ausgestattet. Er entwickelte auch ein dreischirmiges Videowerk, das sich auf die Darstellung von Zellen bezieht und auch für Vorführungen in Kunstgalerien geeignet ist. Vom Atrium aus gelangt man in eine ausgezeichnete Kantine und zum Hauptseminarraum. Eine breite, spiralförmige Treppe gibt ebenfalls Gelegenheit zu informellen Treffen. Auf jedem der vier Obergeschosse mündet die Treppe in eine mit bequemen Sitzmöbeln ausgestattete „Piazzetta", an der ein kleiner Seminarraum liegt. Man muss sie durchqueren, um von einem der beiden Flügel in den anderen zu gelangen. Das Ergebnis ist ein Arbeitslabor in einem höchst attraktiven Gebäude mit vielen Gelegenheiten zu informeller Kommunikation.

Das Kommunikationsnetzwerk

Die Kommunikation innerhalb des Instituts ist nur der Ausgangspunkt, denn es wurde von Beginn an als Teil eines größeren Komplexes von Organisationen unter dem Begriff „Biopolis Dresden" geplant. Zu den vorgesehenen Schwesterorganisationen gehört die seit langem bestehende Technische Universität Dresden, an der insbesondere das Institut für Nanotechnologie weiter ausgebaut werden soll. Dieses soll die Ergebnisse der Grundlagenforschung und das spezialisierte Wissen des Max-Planck-Instituts nutzen und in den biologischen Abläufen Anregungen für technologische Entwicklungen finden. Umgekehrt werden Entwicklungen in der Nanotechnologie genutzt, um neue Techniken für die Labors der Zellbiologie zu entwickeln. Zellbiologie hängt von ultrafeinen Untersuchungsmethoden ab, und die Nanotech-

two wings on each upper floor are stepped apart so that to go from one wing to the other one must pass through the piazzetta. The result is a working laboratory suffused with informal communication in a most attractive building.

The Communications Network

Communication within the Institute is only the start. From its inception the Institute was envisaged as part of a larger complex of organisations given the blanket title 'Biopolis Dresden'. Among the envisaged sister organisations was the long-established Technical University of Dresden, where in particular an already existing nanotechnology department would be expanded. This enlarged department would draw on fundamental research and specialist knowledge of the Max Planck Institute, seeking in biological mechanisms ideas for technological developments. In return it is planned to draw on developments in nanotechnology to provide techniques for use in the Cell-Biology Laboratories. Cell biology depends on ultra fine procedures, and nanotechnology offers the possibility of novel experimental techniques of considerable power. Collaboration with industry is also envisaged, and indeed has already begun. This is a field with great long term potential. Living organisms can perform many functions both in production and in waste disposal to a level of efficiency and reliability of which industry is at present quite incapable. Mankind will have to learn such methods from living organisms if an overpopulated energy-hungry world is to survive without the most severe environmental degradation.

Establishment of start-up companies is encouraged by the new Dresden Bioinnovation Center with facilities for biotechnology. It is a real problem for new companies that the technical facilities they require are in general only available to the major pharmaceutical corporations. By providing a set of facilities under one roof new companies are given a great help. At the Centre there are five full Professors of the Technical University of Dresden. By

nologie ermöglicht neue Experimentiertechniken. Zu der ferner geplanten Zusammenarbeit mit der Industrie wurden die ersten Schritte bereits getan. Hier liegen große langfristige Potenziale, denn lebende Organismen erfüllen viele Funktionen sowohl in der Produktion als auch in der Abfallbeseitigung und sind hierbei in einem Maße effizient und zuverlässig, wie es die Industrie zur Zeit nicht vermag. Will die Menschheit in einer überbevölkerten und energiehungrigen Welt ohne schwerste Umweltschäden überleben, muss sie diese Methoden von lebenden Organismen erlernen.

Die Gründung neuer Firmen wird durch das neue Dresdener Bioinnovationszentrum gefördert, das Einrichtungen für Biotechnologie bereithält. Für junge Firmen stellt es ein großes Problem dar, dass die von ihnen benötigten technischen Einrichtungen im Allgemeinen nur für die großen pharmazeutischen Konzerne erschwinglich sind. Die unter einem Dach versammelten Einrichtungen sind für sie daher eine große Hilfe. Am Zentrum sind fünf Ordinarien der Technischen Universität Dresden tätig und fördern mit ihren dort angesiedelten Labors die Zusammenarbeit zwischen technischer Innovation und industrieller Forschung. Die Firma CENIX, die die Sequenzanalyse des Genoms von *Caenorhabditis elegans* vervollständigt hat, ist sogar im Hauptgebäude des Instituts für Molekulare Zellbiologie angesiedelt, weil sie aus der Forschungsarbeit eines der Direktoren entstanden ist.

Zwei weitere wichtige Institutionen sind das Max-Planck-Institut für die Physik komplexer Systeme, das Techniken der mathematischen Modellbildung entwickelt, und das Zentrum für Theoretische Medizin der Technischen Universität Dresden. Sie wurden in den Jahren 1997 bzw. 2000 gegründet und sind nun funktionierende Institutionen. Integraler Bestandteil der Biopolis Dresden sind Kurse für Doktoranden. Des weiteren ist ein Forschungszentrum für Bioinformatik geplant. Das Max-Planck-Institut für Molekulare Zellbiologie und Genetik wird jedoch auch darüber hinaus Einfluss ausüben. Effiziente Kommunikation kann befreiend wirken, indem sie alte hierarchische Strukturen aufweicht und die Entwicklung moderner und effizienter wissenschaftlicher Einrichtungen fördert. Das althergebrachte System von Professoren, die über eine große Schar von „Untertanen" verfügen, schädigt die Professoren, die fast unvermeidlich ihre Fähigkeit zu eigener Forschung verlieren, und wirkt auf ihre Assistenten und Studenten einengend und erstickend. Die

having their laboratories in the Bioinnovation Center collaboration is encouraged between technical innovation and industrial research. One company, CENIX, which has completed an advanced sequence analysis of the genome of the nematode *Caenorhabditis elegans,* is housed within the main building of the Molecular Cell Biology Laboratory itself because the company arose from the research of one of the directors.

Two further major institutions are the Max Planck Institute for the Physics of Complex Systems, which develops techniques of mathematical modelling, and the Centre for Theoretical Medicine of the Technical University of Dresden, which carries out research on clinical problems. They were established in the years 1997 and 2000 and are now functioning institutions. A range of postgraduate courses is being developed as an integral part of Biopolis Dresden. Another facility planned is a major bioinformatics research centre. However, the Institute (MPI-CBG) will have a wider impact. Efficient communication can have a solvent effect, weakening the old hierarchical structures and encouraging the development and establishment of modern and effective scientific institutions. The old-fashioned system, with grand professors attempting to run directly vast numbers of underlings, is doubly debilitating: it is debilitating for the professors, who almost inevitably become incapable of doing real research themselves; while it is cramping and stifling for their staff and students. Rapidly advancing modern science demands flexibility and provision for novelty and change.

The Institute is particularly concerned to establish links with East Europe, and joint work is already in progress with groups in Warsaw and Lithuania. To complete the picture, a first class conference centre is being constructed in the centre of Dresden with facilities adequate for major conferences. ELSO, the European Life Sciences Organisation, will meet annually in rotation in Geneva, Nice, and Dresden. As Biopolis Dresden emerges it will develop organically both in Dresden and as part of the wider scientific community.

schnell fortschreitende moderne Wissenschaft verlangt Flexibilität und die Möglichkeit zu Neuerungen und Veränderungen.

Das Institut ist insbesondere an Verbindungen nach Osteuropa interessiert, und es besteht bereits eine Zusammenarbeit mit Gruppen in Warschau und Litauen. Um das Bild der entstehenden Biopolis abzurunden, wird im Zentrum von Dresden ein erstklassiges Konferenzzentrum mit Möglichkeiten für größere Tagungen errichtet. Die European Life Sciences Organisation, ELSO, trifft sich im jährlichen Wechsel in Genf, Nizza und Dresden. Die werdende Biopolis Dresden entwickelt sich also sowohl in der Stadt wie auch als Teil der umfassenden wissenschaftlichen Gemeinde.

Ergebnisse

Die Entwicklung eines guten Labors, dem ein langes produktives Leben beschieden sein soll, hängt neben der Hauptanforderung, der reichhaltigen Produktion von erstklassigen wissenschaftlichen Erkenntnissen, von vielen anderen Dingen ab. Man kann die wesentlichen technischen Voraussetzungen auflisten und diese in einer präzisen, computerkompatiblen Sprache fassen. Es gibt daneben aber andere Faktoren, die nur schwer greifbar sind und nicht genau definiert werden können. Hierzu gehört die Umgebung, die innere und äußere Gestaltung des Gebäudes, die Art, wie es die Arbeit der Wissenschaftler und Techniker unterstützt, und die Einrichtung von Kommunikationsmöglichkeiten. Letzteres beinhaltet nicht nur die technische Kommunikation, sondern all die unzähligen informellen Interaktionen, die Teil einer jeden erfolgreich arbeitenden Institution sind. Die Planung des Gebäudes und die Einrichtung der Laboratorien hätte sicher nicht funktionieren können, wenn die Direktoren nicht als harmonisches Team gewirkt und von Anfang an mit den Architekten kooperiert hätten. Das Resultat ist ein Laborgebäude, dessen Standard im öffentlichen Sektor durchaus ungewöhnlich ist. Die Atmosphäre ist zwanglos, das Labor arbeitet effizient. Hier wurden für künftige Laborplanungen Maßstäbe gesetzt.

Conclusion

The development of a really good laboratory which will have a long productive life depends on many things besides the fundamental requirement: a prolific output of first class scientific work. One can list the essential technical requirements, and they are expressible in precise, computer-compatible language. However there are other factors that are intangible and difficult to define precisely. They include the surrounding environment, the look of the building both inside and out, its efficiency in facilitating the work of the scientists and technical staff and encouraging communication: not only technical communication but all the innumerable informal interactions that are part of any successful working institution. Certainly the whole process of designing the building and establishing the laboratories would not have worked without a set of directors functioning harmoniously as a team, and collaborating with the architects from the very beginning of building design. The outcome is a laboratory building of a standard altogether unusual in the public sector. Some factors may be intangible but this time the process worked. The atmosphere is informal and the Laboratory functions efficiently. There are lessons here for anyone designing a laboratory in the future.

1 Itten, Johannes: *Gestaltungs- und Formlehre. Mein Vorkurs am Bauhaus und später*, Ausgabe E.A. Seemann, 2000.
2 Pye, David: *The Nature of Design*, Studio Vista, London, 1964.
3 Hyman, Anthony: *The Computer in Design*, Studio Vista, London, 1973.
4 Hyman, Anthony: ibd. Kapitel 4, „*Design: technical and aesthetic*".

1 Johannes Itten, (1964), *Design and Form, The basic course at the Bauhaus*, Thames and Hudson, London.
2 David Pye, (1964), *The Nature of Design*, Studio Vista, London.
3 Anthony Hyman, (1973), *The Computer in Design*, Studio Vista, London.
4 Anthony Hyman, loc. cit., chapter 4, 'Design: technical and aesthetic'.

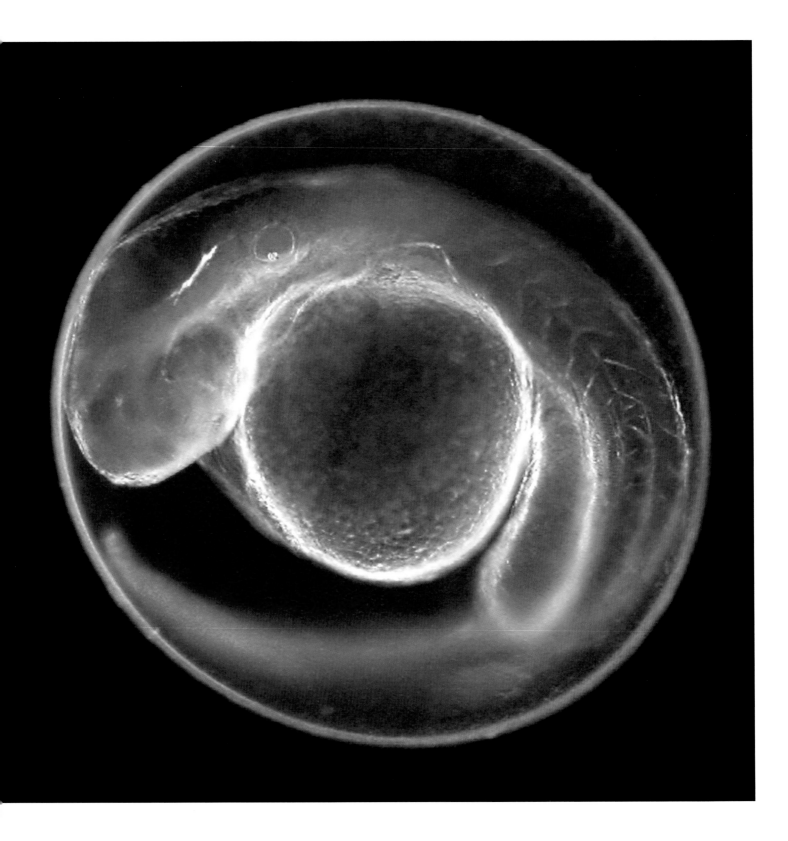

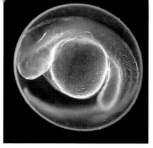

Lebender Embryo eines Zebrafischs, etwa einen Tag nach der Befruchtung. Er befindet sich am oberen Rand des Dotters und wird von der schützenden Chorion-Eihülle umgeben. Viele Gewebe sind bereits ausgebildet, unter ihnen ein funktionierendes Gehirn. Dem Embryo fehlt der Transkriptionsfaktor Pou2, der beim Menschen Oct3/4 heißt. Als Folge des Gendefekts entwickelt sich ein kleiner Teil des Gehirns an der Grenze zwischen Mittelhirn und Hinterhirn nicht. Diese Mutation wird „Spiel ohne Grenzen" genannt. Die fehlenden Zellen kontrollieren im normalen Embryo die Entstehung von Nervenzellen in diesem Bereich. Beim Menschen liegen hier unter anderem die Zellen, die bei Parkinson-Patienten primär angegriffen sind.
Mit freundlicher Genehmigung von Gerlinde Reim und Michael Brand

A living zebrafish embryo, about one day after fertilization, on top of the yolk and surrounded by a protective chorion. Many tissues are already formed in this embryo, including a functional brain. This embryo lacks a transcripton factor called Pou2, or Oct3/4 in humans. Due to this genetic defect, a small part of the brain at the boundary between midbrain and hindbrain does not develop. This mutation is called spiel-ohne-grenzen. The missing cells control, in the normal embryo, the generation of nerve cells in this region. In humans, the cells that are primarily affected in Parkinson-patients lie here.
Picture courtesy of Gerlinde Reim and Michael Brand

Ein acht Tage alter Mausembryo von vorn (links) und von der Seite aus (rechts) betrachtet. Das sich entwickelnde Gehirn ist bereits sichtbar.
Mit freundlicher Genehmigung von Björn Oback und Wieland B. Huttner
An 8 day-old mouse embryo viewed from the front (left) and the side (right). One can already see the developing brain.
Picture courtesy of Björn Oback and Wieland B. Huttner

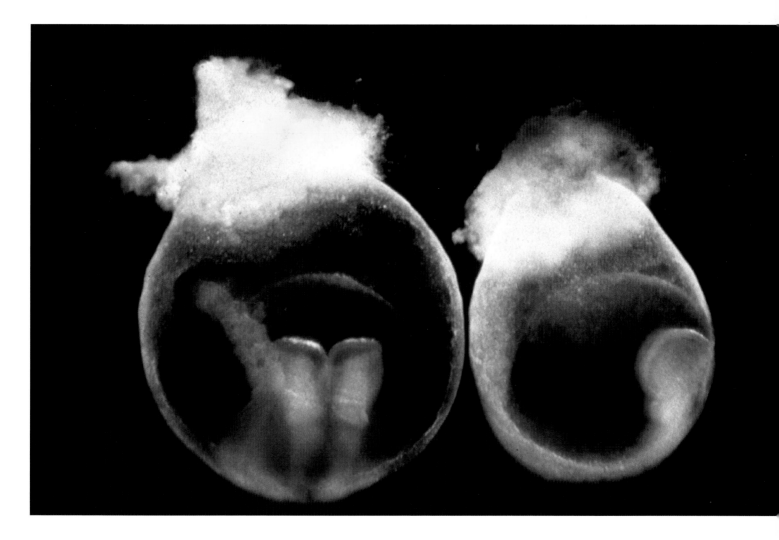

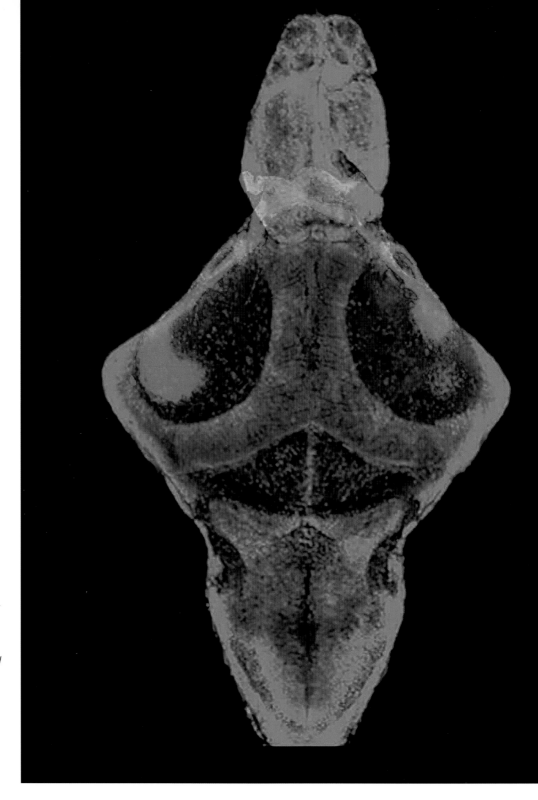

*Blick in das Gehirn eines Zebrafisch-
embryos nach fünf Tagen der
Entwicklung. Normaler und mutan-
ter optischer Nerv. Beide zeigen
normales (linke Hirnhälfte) bezie-
hungsweise aberrantes (rechte
Hirnhälfte) Projektionsverhalten der
Nervenfasern in ihren Terminations-
gebieten.*
*Mit freundlicher Genehmigung von
Alexander Picker und Michael Brand*

*A view into the brain of a zebrafish
embryo after 5 days of development.
Normal and mutant optic nerves
showing normal (left brain) and
aberrant (right brain) projection of
their fibres within their termination
fields, respectively.*
*Picture courtesy of Alexander Picker
and Michael Brand*

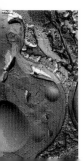

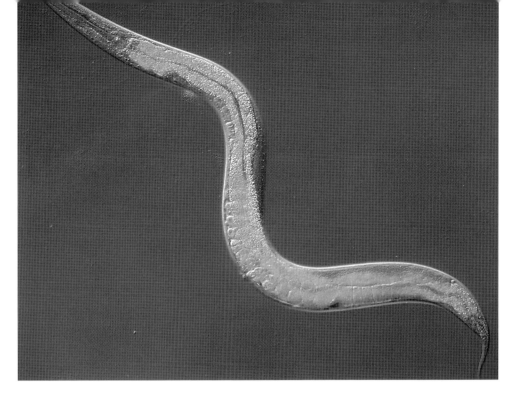

Der Wurm Caenorhabditis elegans
wird von den Wissenschaftlern als
Modellorganismus für Genforschun-
gen verwendet.
Mit freundlicher Genehmigung von
Matthew Kirkham und Tony Hyman
The worm Caenorhabditis elegans is
used by scientists as a model
organism for genetic research.
Picture courtesy of Matthew Kirkham
and Tony Hyman

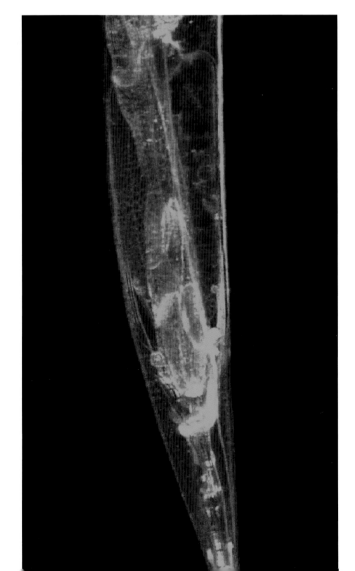

Fadenwurm mit fluoreszierendem
GPI-verankertem Membranprotein
(vgl. S. 44). Nervenzellen sind
besonders markant, das Gehirn-
äquivalent des Wurms (ein Ring
aus Neuronen) ist die leuchtendste
Struktur im oberen Drittel des
Bildes. An der Spitze des Wurms
(Mund) befinden sich sensorische
Neuronen. Es sind Nervenstränge
erkennbar, die sich vom Neuronen-
haufen aus ausbreiten.
Mit freundlicher Genehmigung von
Joachim Füllekrug und Kai Simons
A nematode worm expressing a
fluorescent (GFP) GPI-anchored
membrane protein (see p. 44). Nerve
cells are especially prominent, with
the worm's equivalent of a brain
(a ring of neurons) being the
brightest structure in the upper third
of the image. Sensory neurons are at
the tip of the worm (mouth), and
nerve cords are seen extending from
the cluster of neurons.
Picture courtesy of Joachim Füllekrug
and Kai Simons

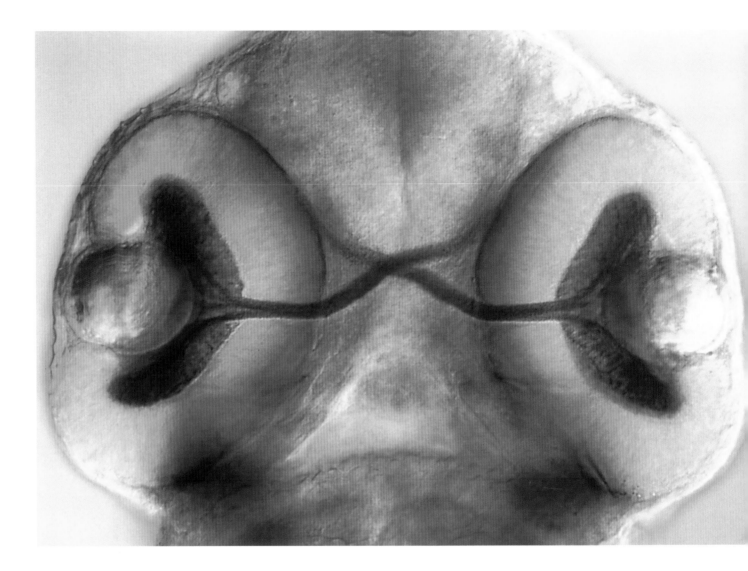

Zellfortsätze der Nervenzellen in der Netzhaut, so genannte Axone, sind
über eine X-förmige Nervenkreuzung, das optische Chiasma, mit den Teilen
des Gehirns verbunden, die die visuelle Information aus der Netzhaut weiter
verarbeiten. Das Bild zeigt eine Aufsicht auf das embryonale Gehirn eines
Zebrafischs. Die braun gefärbten Netzhautzellen sind becherförmig um die
sich bildende Linse angeordnet. Die Zellen und ihre Axone sind mit Hilfe
eines speziellen Antikörpers gegen ein Oberflächenprotein eingefärbt.
Mit freundlicher Genehmigung von Michael Brand
*Processes of nerve cells, so-called Axons, are characteristically connected, via an
X-shaped cross-road of nerves, to the parts of the brain that process visual
information from the retina further. The picture shows a view into an embry-
onic brain of a zebrafish. The brown-stained cells in the retina are arranged in a
cup-shaped fashion around the forming lens. The cells and their axons are stained with the aid of a specific antibody recognising a cell-surface protein.
Picture courtesy of Michael Brand*

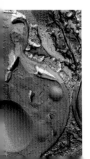

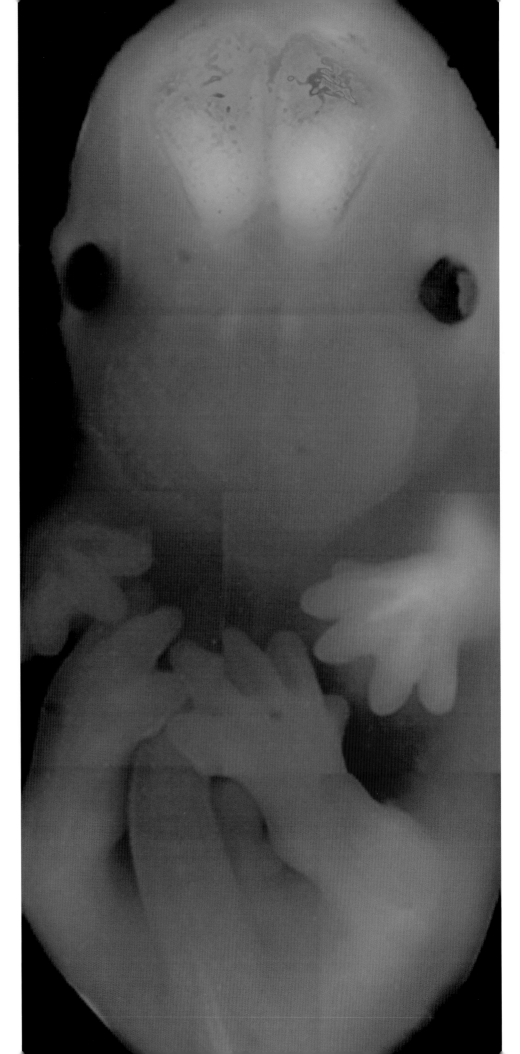

Neurogenese im zentralen
Nervensystem eines 14 Tage alten
transgenen Mausembryos. Vor-
läuferzellen, aus denen die Nervenzellen des sich entwickelnden
Gehirns entstehen, sind durch das
grüne fluoreszierende Protein markiert. Dieses System gestattet den
Wissenschaftlern, die Mechanismen
zu untersuchen, die die Entstehung
von Nervenzellen kontrollieren,
was von großer Bedeutung für
menschliche Krankheiten ist.
Mit freundlicher Genehmigung von
W. Haubensak und W.B. Huttner
Neurogenesis in the central nervous
system of a 14 day-old transgenic
mouse embryo. Progenitor cells that
generate the neurons of the developing brain are labelled with green
fluorescent protein. This system
allows scientists to study the mechanisms that control the generation of
neurons which has important implications for human diseases.
Picture courtesy of W. Haubensak
and W.B. Huttner

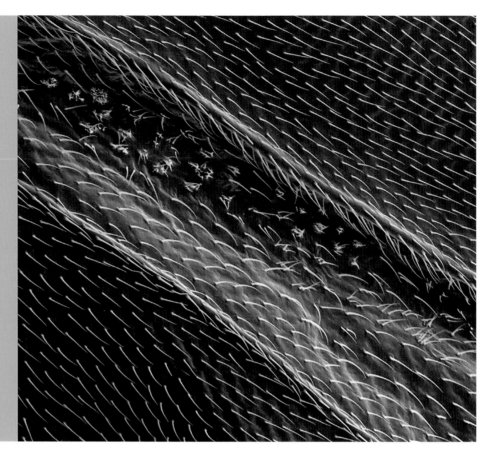

Eine ausgewachsene Fruchtfliege
Drosophila melanogaster *mit dem
grünen fluoreszierenden Protein
in einigen Zellen. Die entwicklungs-
biologisch relevanten Grenzen
innerhalb der Flügel und des
Hinterleibs sind erkennbar.
Mit freundlicher Genehmigung von
Christian Dahmann und Konrad
Basler*
An adult fruit fly Drosophila
melanogaster *expressing the Green
Fluorescent Protein in subsets of
cells, illustrating developmental
boundaries in the wings and
abdomen.
Picture courtesy of Christian
Dahmann and Konrad Basler*

Rasterelektronenmikroskopische
Aufnahme eines Drosophila-
Flügels. Jede Flügelzelle besitzt
genau ein Haar, das in dieselbe
Richtung weist wie die anderen.
Haare stabilisieren den Flug und
machen den Flügel resistent gegen
Nässe.
*Mit freundlicher Genehmigung von
Suzanne Eaton und Roger Wepf*
*Scanning electron microscope pictu-
re of a* Drosophila *wing. Each wing
cell has just one hair which is aligned
in the same direction as all the
others. Hairs are used to provide sta-
bility to flight, and make the wing
resistant to wetting.
Picture courtesy of Suzanne Eaton
and Roger Wepf*

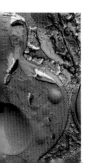

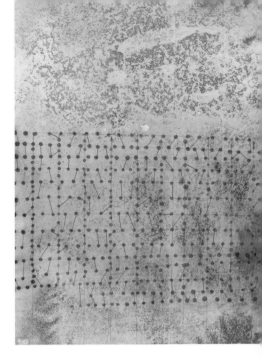

George Steinmann
Mindmap „Coherence" 1999
Heidelbeersaft, Himbeersaft,
Antiseptikum auf Papier, 21x29,7cm
Mindmap "Coherence" 1999
Blueberry juice, Raspberry juice,
Antisepticum on paper

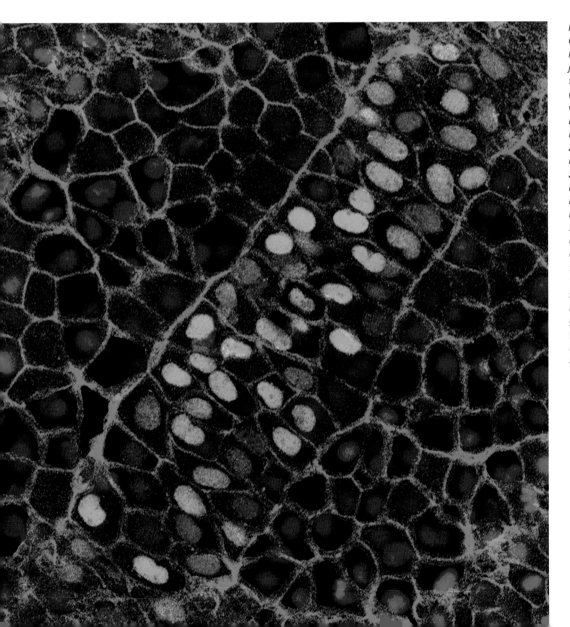

Mehrere Zellen innerhalb eines
Gewebes sehen unter dem
Mikroskop ähnlich aus. Wenn sie
jedoch mit einem Marker, wie hier
für „no-tail", markiert werden
(grüne Färbung), können sie sehr
verschieden sein, wie es in diesem
Bild eines axialen und paraxialen
Mesoderms am Ende der
Zebrafisch-Gastrulation zu sehen
ist. Zellmembranen sind rot,
Zellkerne blau gefärbt.
**Mit freundlicher Genehmigung von
Miguel L. Concha und C.-P.
Heisenberg**
Several cells within a tissue look alike
under the microscope. However, they
can be very different when labeled
for the appropriate markers such as
"no-tail" in this image of axial (green,
stained for "no-tail") and paraxial
mesoderm at the end of zebrafish
gastrulation. Cell membranes are
visualised in red, nuclei in blue.
Picture courtesy of Miguel L. Concha
and C.-P. Heisenberg

Ein Mosaik aus Mosaiken. Diese Bildfolge könnte von einem abstrakten Maler stammen. Sie wurde jedoch unter dem Mikroskop aufgenommen und zeigt spezielle Organellen, die Endosome. Endosome erhalten Material, das die Zelle auf ihrer Oberfläche empfangen hat, und verteilen es an andere Organellen in der Zelle. Wie andere Organellen ist ein Endosom wie ein Mosaik aus getrennten Modulen aufgebaut. Jedes Modul erfüllt beim Transport der Fracht eine spezielle Funktion. Die Module werden durch spezielle Endosomproteine aufgespürt, die mit unterschiedlich gefärbten fluoreszenten Proteinen markiert sind (vgl. Abb. S. 44). Hier ist ein Mosaik aus Bildern dieser Organellen mit ihren mosaikartigen Strukturen zusammengestellt.
Mit freundlicher Genehmigung von Katrin Bergmann, Birte Soennichsen und Marino Zerial

A mosaic of mosaics. This gallery of pictures could be the artwork of an abstract painter. Instead, the images have been taken at the microscope and show a particular organelle called endosome. Endosomes are specialized organelles that function like post-offices. They receive material that the cell has taken up from the surface and distribute it to other organelles in the cell. Like other organelles an endosome is in reality built like a mosaic of separate modules. Each module fulfils a specific function in the distribution of cargo. Modules are detected through specific endosome proteins (Rab proteins) fused to GFP of different colours (see ill. p. 44). Here we have assembled a mosaic of images of these organelles with their mosaic structures.
Picture courtesy of Katrin Bergmann, Birte Soennichsen and Marino Zerial

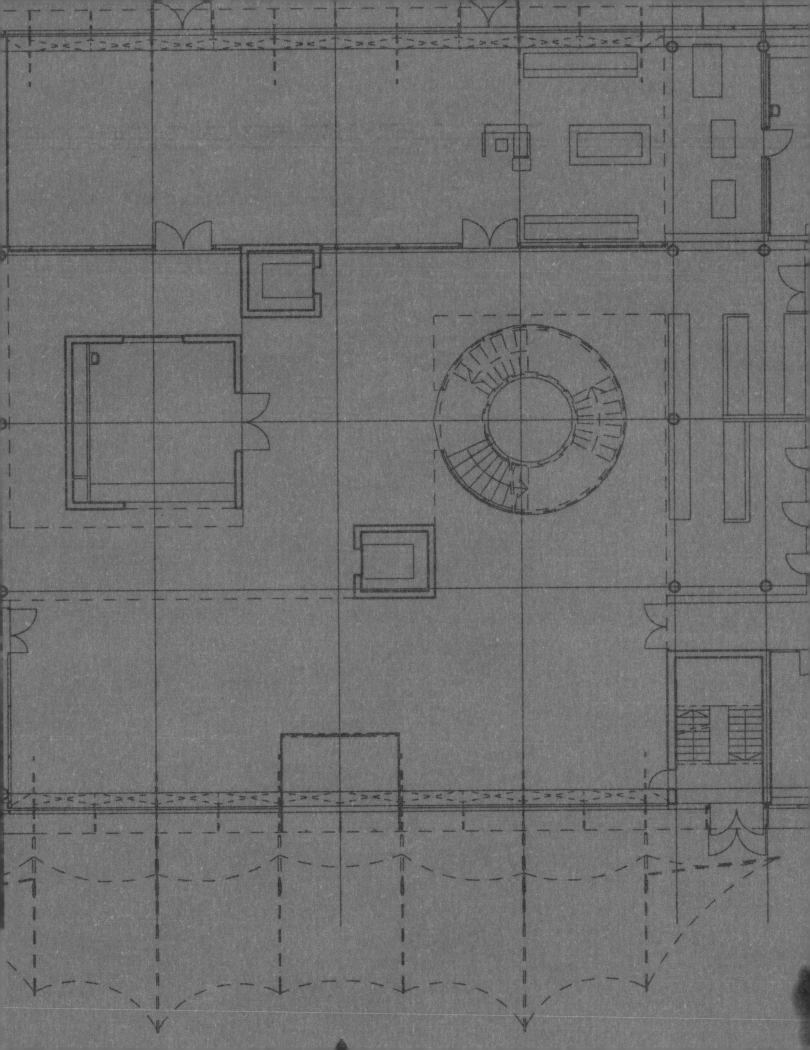

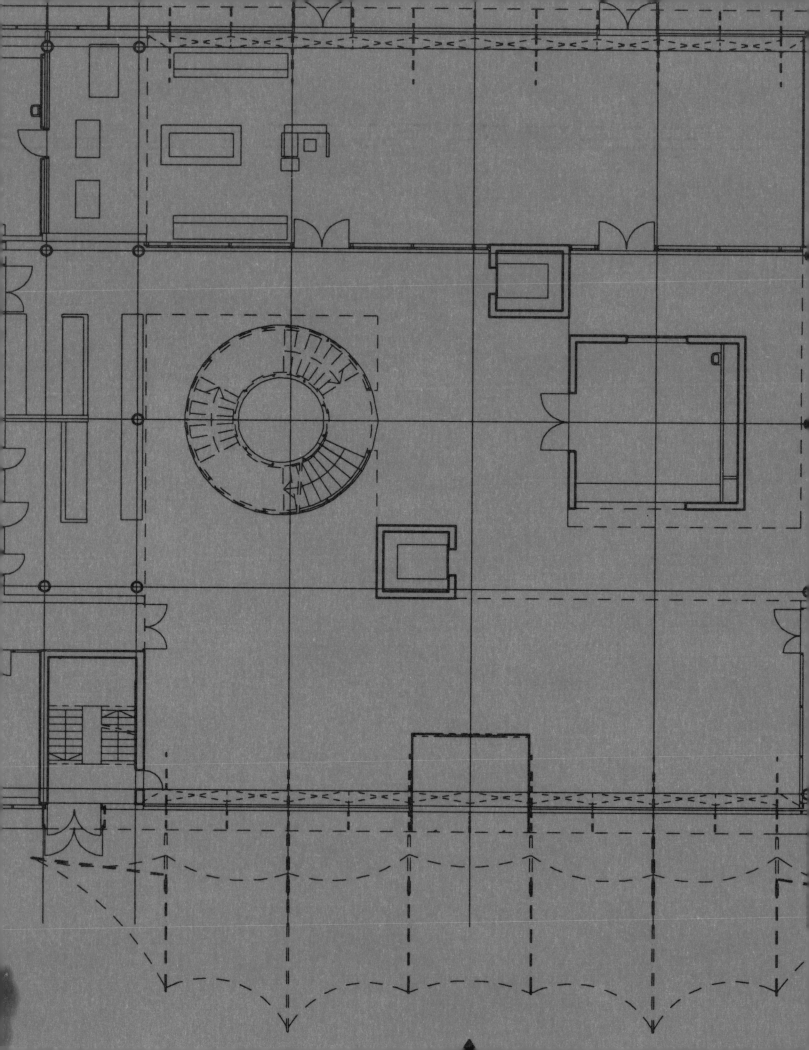

Gentle Bridges

Lofty Dryness

Solid Emptiness

Cluster Culture

Oneness of Duality

Six Essentials

High Touch

Deep Reserve

Gentle Bridges

Lofty Dryness

Solid Emptiness

Cluster Culture

Oneness of Duality

Six Essentials

High Touch

Deep Reserve

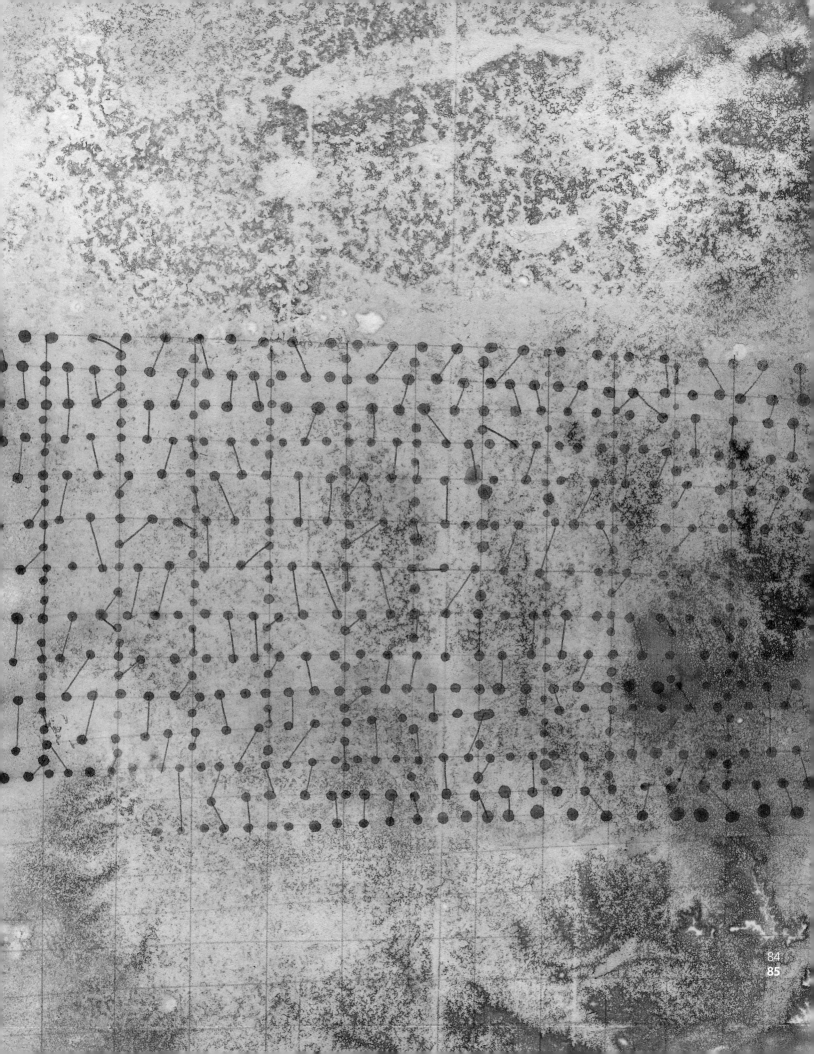

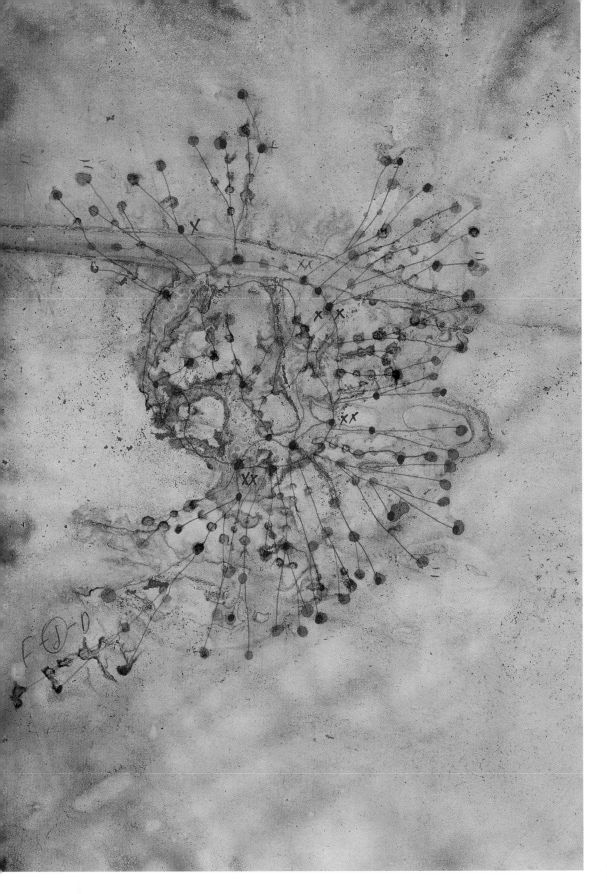

George Steinmann
Mindmap „Cell division" 1999
Heidelbeersaft, Antiseptikum auf
Papier, 21x29,7cm
*Blueberry juice, Antisepticum on
paper*

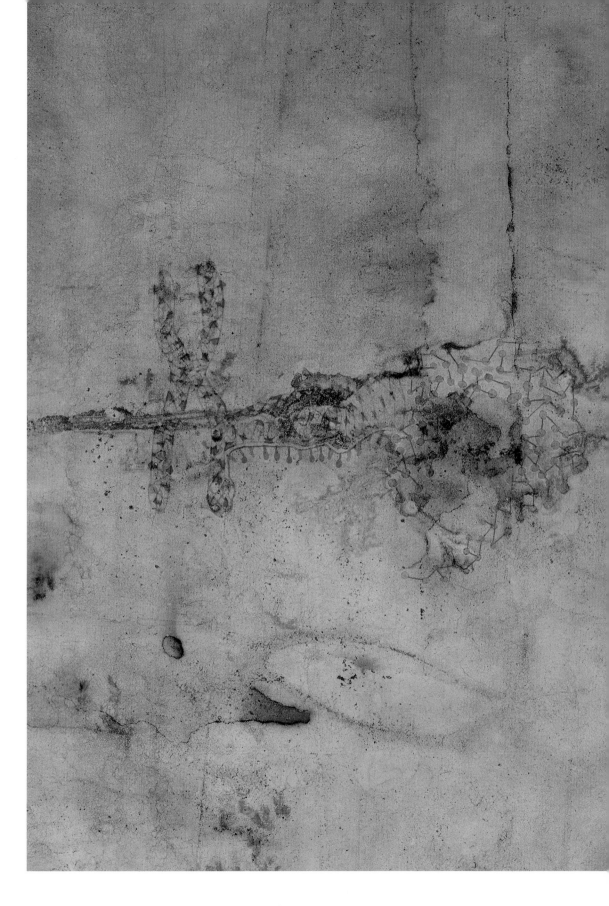

George Steinmann
Mindmap „Tissue" 1999
Heidelbeersaft, Antiseptikum auf
Papier, 21x29,7cm
*Blueberry juice, Antisepticum on
paper*

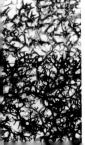

George Steinmann
Mindmap „Oneness of Duality" 2001
Heidelbeersaft, Antiseptikum auf Papier,
21x29,7cm
Blueberry juice, Antisepticum on paper

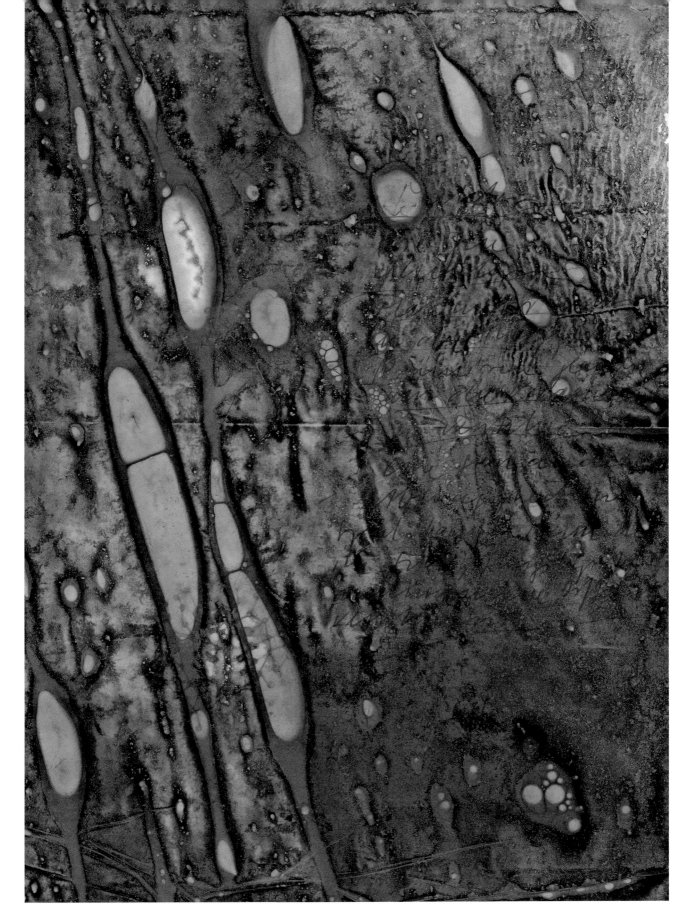

George Steinmann
Mindmap „Deep Reserve" 2001
Heidelbeersaft, Antiseptikum auf Papier,
21x29,7cm
Blueberry juice, Antisepticum on paper

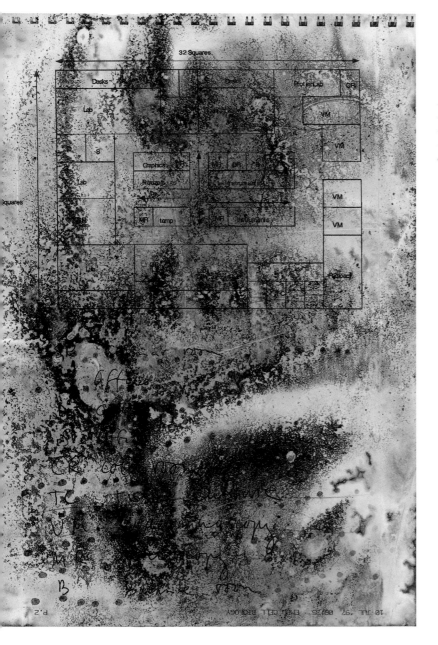

George Steinmann
Mindmap „Identity of place" 1999/2000
Heidelbeersaft, Antiseptikum auf
Photokopie, 21x29,7cm
Blueberry juice, Antisepticum on
photocopy

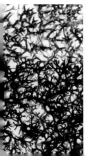

George Steinmann
Mindmap „Fragen an die Gegenwart" 2000
Heidelbeersaft, Brombeersaft, Antiseptikum
auf Papier, 21x29,7cm
Blueberry juice, Blackberry juice,
Antisepticum on paper

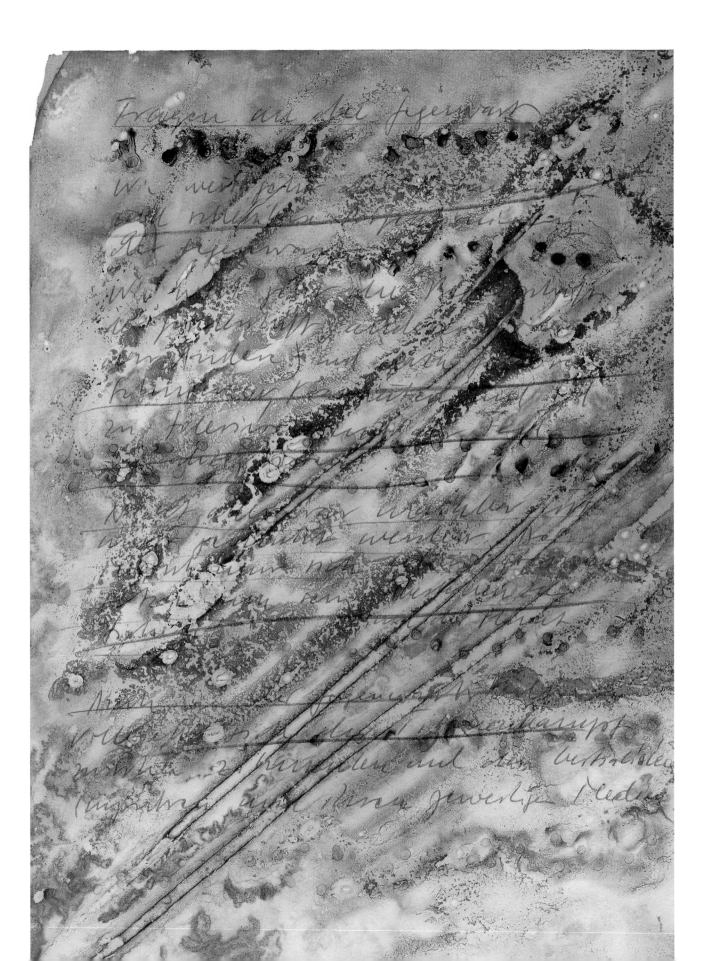

George Steinmann
Mindmap „Metalog" 1999
Heidelbeersaft, Antiseptikum auf Papier,
21x29,7cm
Blueberry juice, Antisepticum on paper

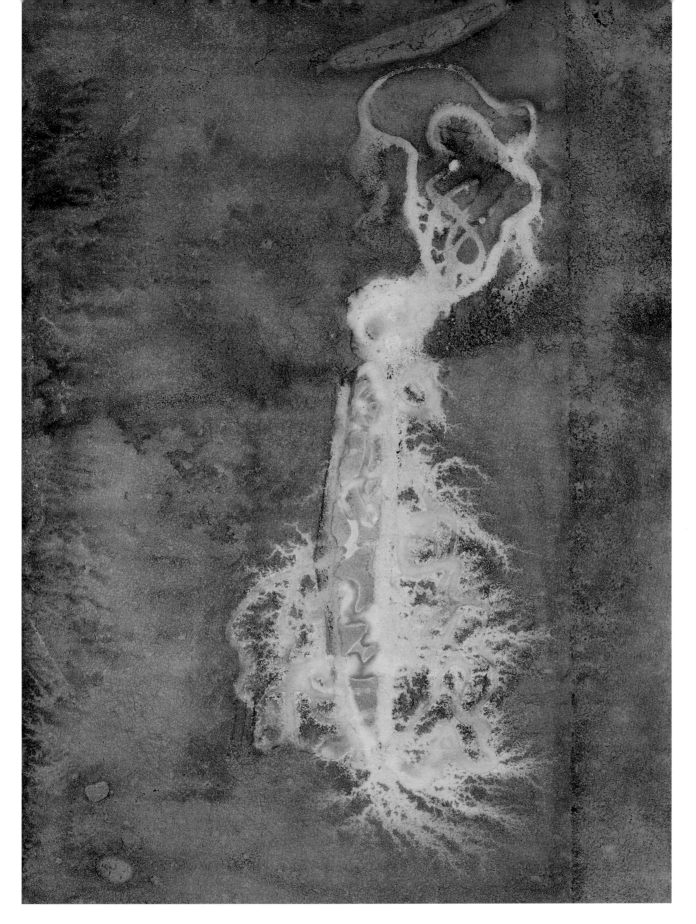

George Steinmann
Mindmap „Form-Substance-Difference" 1999
Heidelbeersaft, Antiseptikum auf Papier, 21x29,7cm
Blueberry juice, Antisepticum on paper

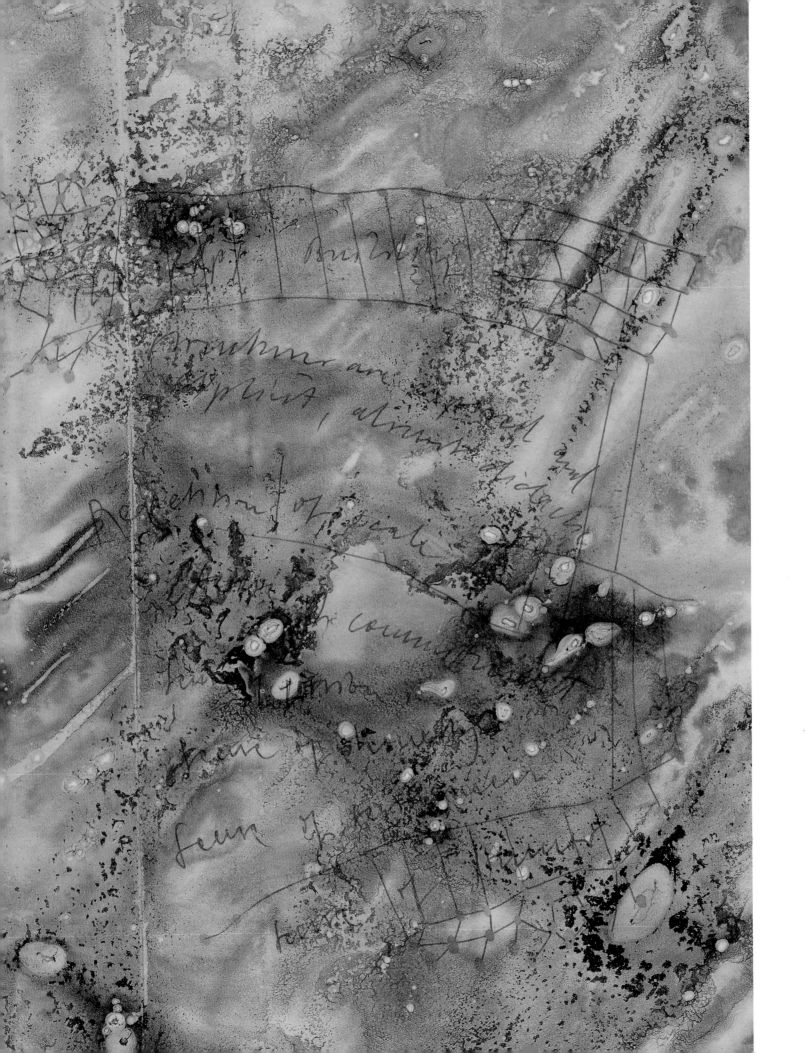

Metalog

von George Steinmann

Das transdisziplinäre Werk „Metalog" gliedert sich in zwei Teile:
A: Eine interne Wand-Intervention im Atrium
B: Eine externe Intervention in Form einer dreiteiligen Videoinstallation

Die **interne Intervention** ist ein ortsspezifisches Photowerk auf 24 eloxierten Aluminiumboxen à je 0,6 m x 3,88 m, aufgeteilt in zwei Einheiten von je zwölf Elementen. Das Bildformat ist als Gesamtes und in seinen Einzelteilen abgestimmt auf den Schalungsraster der Betonwände links und rechts des Atriums. Bildmotiv ist einerseits eine Flechte, als symbiotischer Organismus Metapher für die wechselseitige Abhängigkeit der Dinge, sowie ein monochromes blaues Bild, dessen Farbwert mit der Aussenfassade des Instituts korrespondiert (Abb. S. 116).
Fototechnik: Stutz AG, Bremgarten, Schweiz
Metallbau: Stauffer AG, Thun, Schweiz (technische Beratung), Weber GmbH, Feuerthalen, Schweiz (Ausführung)
Montage: Jaeger Akustik, Zwickau, Deutschland

Die **externe Intervention** ist ein dreiteiliges Videowerk, gespeichert auf Digital Versatile Disc (DVD), größtenteils vor Ort gefilmt während der gesamten Planungs- und Bauphase des Instituts zwischen 1998 und 2001. Das Werk thematisiert in drei Kapiteln (Form – Substanz – Differenz) einerseits das Zusammenwirken von Architektur, Wissenschaft und Kunst und andererseits das Spannungsfeld zwischen der wissenschaftlichen und ästhetischen Form des Erkennens.
Dauer: 15 Minuten, color mit Blaudominanz, stumm, programmiert als endlos-loop.
Als Triptych-Installation im räumlichen Kontext mit variablen Dimensionen konzipiert, kann das Werk mit drei Videobeamern und drei DVD-Playern direkt auf jede weiße Wand projiziert werden.
Kamera: Christine Munz, Zürich, Schweiz; George Steinmann, Bern, Schweiz
Schnitt: Stefan Kälin, Zürich, Schweiz
Postproduktion: George Steinmann im Studio der Container Film AG, Bern, Schweiz
DVD Produktion: Sound Design Studios AG, Ostermundigen, Schweiz
Buchbinderarbeit DVD-Box: Schumacher AG Bern, Schweiz

Metalog: Ein Netz-Werk, das auf Kommunikation beruht.

Metalog

by George Steinmann

The transdisciplinary work "Metalog" is in two parts:
A: An internal wall intervention in the atrium hall
B: An external intervention in the form of a three-part video installation.

The **internal intervention** is a location-specific photographic work consisting of 24 anodized aluminium housings each 0.6 m x 3.88 m, divided into two units, each with twelve elements. The image format as a whole and in its individual parts matches the shuttering grid on the concrete walls on the right and left in the atrium. The picture motif is a lichen, a symbiotic organism serving as a metaphor for the mutual interdependency of things, and a monochrome blue image whose colour corresponds with the exterior facade of the institute (ill. p. 116).
Photographic technology: Stutz AG, Bremgarten, Switzerland
Metal construction: Stauffer AG, Thun, Switzerland (technical consultants), Weber GmbH, Feuerthalen, Switzerland (realisation)
Assembly: Jaeger Akustik, Zwickau, Germany

The **external intervention** is a three-part video work, stored on Digital Versatile Disc (DVD), filmed largely on-site while the Institute was being planned and built, from 1998 to 2001. The work has three chapters (Form – Substance – Difference) addressing the interaction between architecture, science and art, and the tension between scientific and aesthetic perception.
Duration: 15 minutes, colour blue-dominated, silent, programmed as a continuous loop.
The work is conceived as a triptych installation in a space with variable dimensions. It can be projected directly on to any white wall, using three video beamers and three DVD players.
Camera: Christine Munz, Zurich, Switzerland; George Steinmann, Bern, Switzerland
Editor: Stefan Kälin, Zurich, Switzerland
Post-production: George Steinmann at Container Film AG studio, Bern, Switzerland
DVD production: Sound Design Studios AG, Ostermundigen, Switzerland
Bookbinding DVD-Box: Schumacher AG Bern, Switzerland

Metalog: A net-work based on communication.

Mindmap „Sense of Commitment"
1999/2000
Heidelbeersaft, Brombeersaft,
Antiseptikum auf Papier,
21x29,7cm

Blueberry juice, Blackberry juice,
Antisepticum on paper

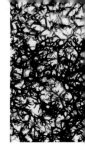

Form 2.1   Difference 2.2   Substance 2.3

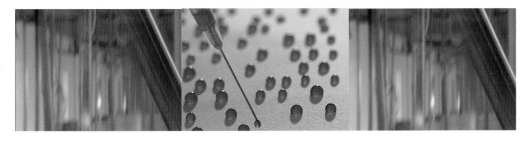

Form 3.1   Difference 3.2   Substance 3.3

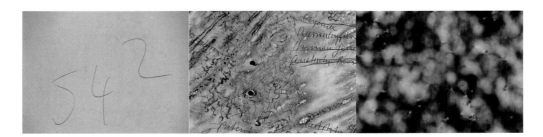

Form 4.1   Difference 4.2   Substance 4.3

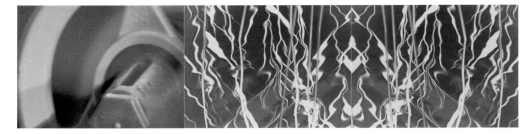

Form 5.1   Difference 5.2   Substance 5.3

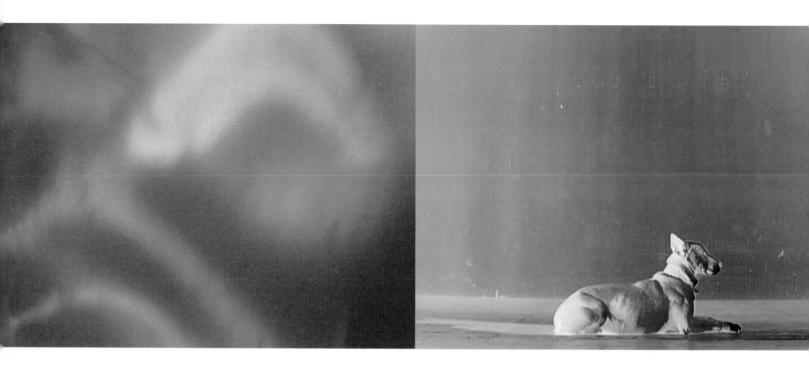

Form 1.1   Difference 1.2

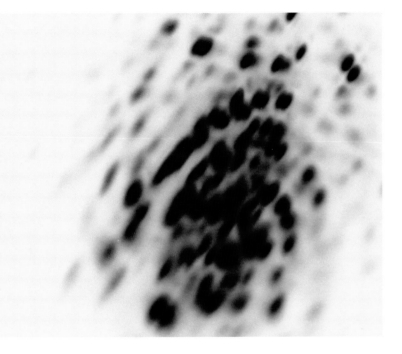

Substance 1.3

Simultaneos and frame accurate loop-playback 0f 3 DVD-players

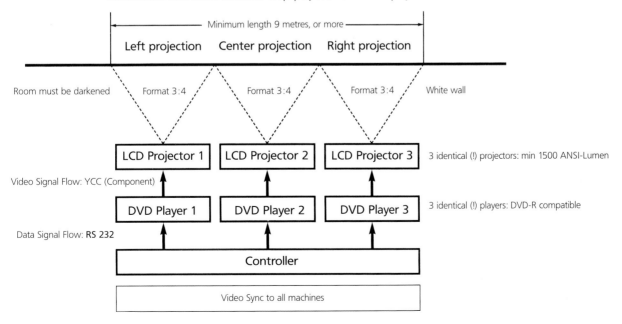

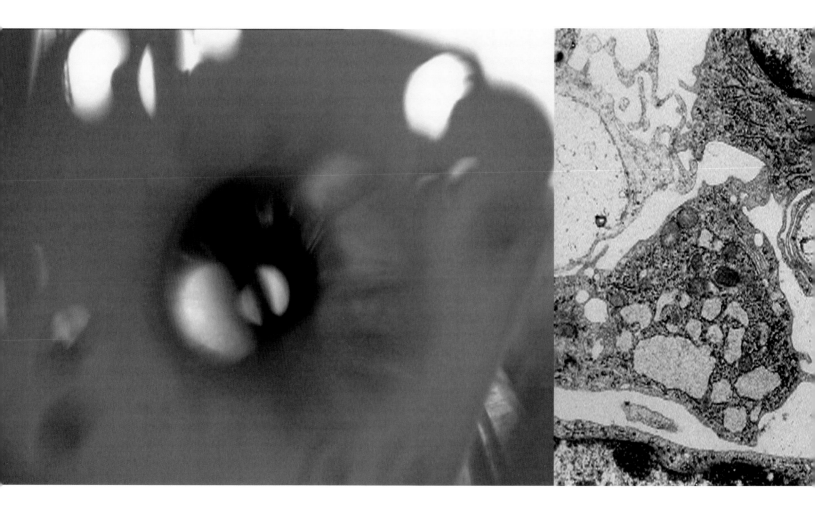

Form 9.1

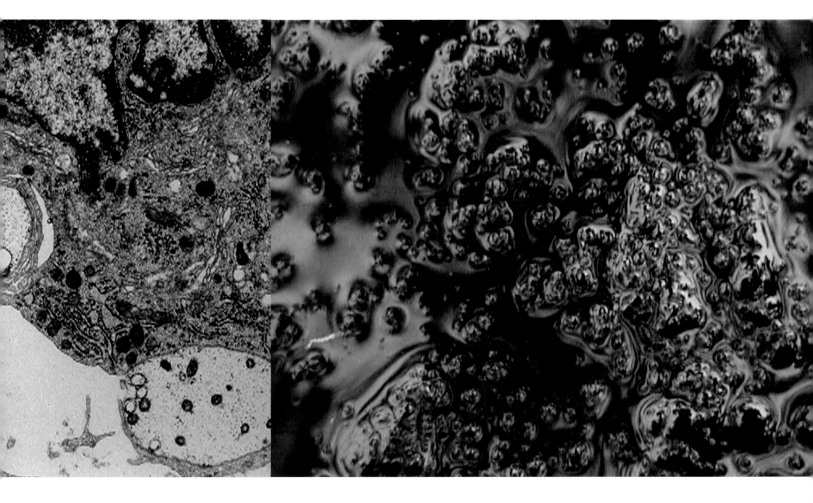

Form 9.2

Form 9.31

Form 7.1

Difference 7.2

Form 13.1

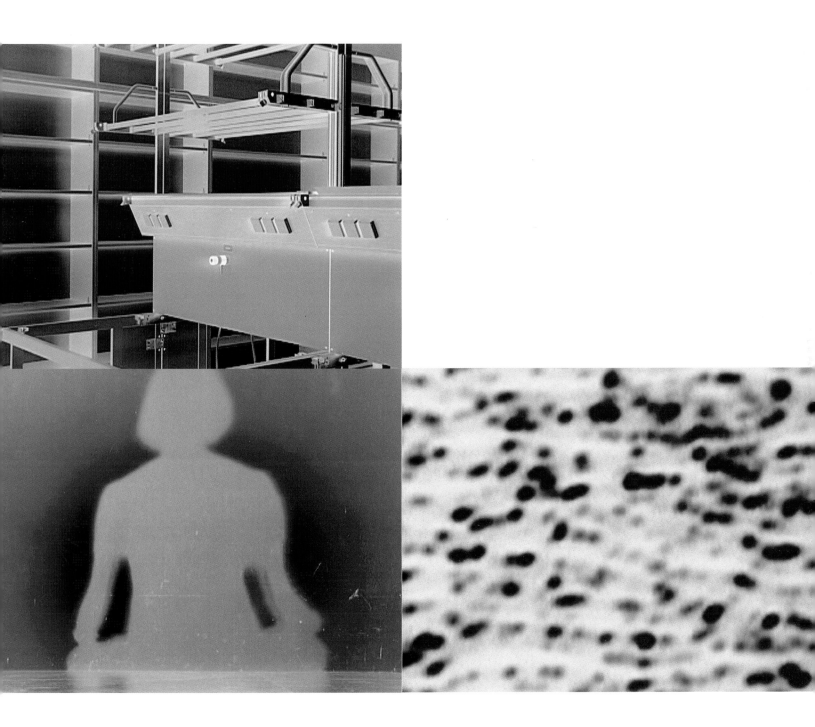

Difference 13.2

Substance 13.3

Die Welt wird Erscheinung:
Zu George Steinmanns *Metalog*

von Gerhard Mack

Drei riesige, je fünf Meter breite Videoprojektionen nehmen den Betrachter gefangen. Links steigt heller Nebel auf. Langsam, in fahriger Bewegung, bilden sich Formen, lösen sich auf in Streifen und Flächen. Wundersame Architekturen der Luft, die sich jeder Dauer und Festigkeit entziehen und im konturlosen Himmelsblau verlieren. Rechts schimmert eine Vielzahl dunkler Flecken in ständiger Bewegung. Das Bild zeigt eine Umkehrung von Lichtreflexen auf einer Wasseroberfläche. Wo es weiß vor Helligkeit sein sollte, ist es nachtfarben, der Ton ist bläulich eingefärbt. Ein leichter Wind lässt das Wasser zittern. Die Oberflächenspannung wehrt sich gegen die seitliche Bewegung. Der Zwang zur Bewegung und der Widerstand dagegen irritieren den Blick. Die Umkehrung von Licht und Schatten bringt das kleine Naturschauspiel in die Nähe naturwissenschaftlicher Versuchsanordnungen, die die bewegte Struktur im Mikroskop zu betrachten erlauben. Die Projektion in der Mitte zeigt einen großen Hund. Das Tier, mit dem der Betrachter Bewegung und Schnelligkeit verbindet, sitzt so bewegungslos und gelassen da, als gehörte es der Welt der Naturkräfte und der Bewegungen, die sie verursachen, gar nicht an. Es schaut zur Seite aus dem Bild hinaus, aber dort scheint nichts zu sein, was sein besonderes Interesse beanspruchen könnte. Die Ohren signalisieren Aufmerksamkeit ohne Anspannung. Das Tier wittert keine Bedrohung oder Ablenkung, es nimmt seine Außenwelt wahr, ohne auf sie orientiert zu sein. Es ist auf ganz selbstverständliche Weise gegenwärtig, von einer wahrhaft animalischen Präsenz, wie man sie sonst vielleicht nur der übersteigerten Gegenwart von Dingen zubilligt. Nach endlosen anderthalb Minuten steht der Hund auf, dreht sich um und geht. Eine Erscheinung löst sich auf, ein Fenster der Zeitlosigkeit schließt sich, die Sekunden und Minuten beginnen wieder zu rinnen.

So beginnt die dreiteilige, monumentale Videoarbeit *Metalog*, die der Berner Künstler George Steinmann für das neue Max-Planck-Institut für Molekulare Zellbiologie und Genetik in Dresden entwickelt hat. Sie greift mit ihren drei Bildfeldern, die sich in exakt kalkulierten Variationen über knapp fünfzehn Minuten entfalten, drei Kulturen auf, die der Künstler identifiziert und miteinander in Kontakt bringt: Die Architektur des Gebäudes, die naturwissenschaftlichen Disziplinen, denen es Raum gibt, und die Kunst, die zwar im

Making the World Appear:
George Steinmann's *Metalog*

by Gerhard Mack

Three gigantic video projections, each five metres wide, capture the viewer's attention. A light mist is rising on the left. Forms emerge slowly from a turmoil of agitated movement, then dissolve into strips and patches. Strange architectures of the air, flinching away from persistence and resolution, then lost in the open blue of the sky. On the right, countless dark flecks shimmer in constant movement. The image shows a reversed reflection of light on water. It is black as night where it should be white with light, and stained in a bluish colour. A light wind makes the water tremble. Surface tension resists the lateral movement. The eye is disturbed by compulsive movement and by resistance to it. The reversal of light and shade makes this little nature drama feel like a scientific experiment examining mobile patterns under a microscope. The central projection shows a large dog. This is an animal that viewers associate with movement and speed, but it is sitting there motionless and relaxed, seemingly detached from the world of natural forces and the movements they trigger. It is looking out through the side of the image, but there does not seem to be anything to interest it particularly. The ears signal attention without effort. The animal has no sense of being threatened or distracted, it perceives the outside world without addressing it. It is there entirely as a matter of course, present in an utterly animal way, of the kind otherwise conceded only to the overintensive presence of things. After an endless minute and a half the dog stands up, turns round and leaves. The appearance is over, the window of timelessness closes, the seconds and minutes start to flow again.

This is the start of the monumental video work *Metalog* developed by the Bernese artist George Steinmann for the Max Planck Institute of Molecular Cell Biology and Genetics in Dresden. The precisely calculated variations in its three image fields evolve in just under fifteen minutes. They touch upon three cultures that the artist identifies and puts in touch with each other: the architecture of the building, the scientific disciplines that it houses, and art. The art is in fact an art-and-building commission, but it goes well beyond the usual mere adjunct to the building, the visual pastime for employees. Steinmann uses the conventional situation much more to make a contribution to the so-called 'dialogue of the cultures', addressing the relationship between art and science first identified by C.P. Snow.

Rahmen eines Kunst-am-Bau-Auftrags einbezogen ist, aber dessen übliche Ausformulierung als Dreingabe zum erstellten Gebäude und als visueller Zeitvertreib für entspannungsbedürftige Angestellte bei Weitem übersteigt. Steinmann nutzt die konventionelle Situation vielmehr für einen Beitrag zum sogenannten „Dialog der Kulturen", wie er für die Beziehungen zwischen Natur- und Kulturwissenschaften seit Charles P. Snow thematisiert wird.

Zwei Kulturen?

Der englische Physiker, Romancier und Staatsbeamte, der den Begriff geprägt hat, hatte im Senior Common Room seines Colleges in Cambridge mit Unbehagen wahrgenommen, dass die Vertreter der Natur- und der Geisteswissenschaften, der Sciences und der Arts, die die Tradition der alten Artes liberales in die Gegenwart transportierten, sich zunehmend weniger zu sagen hatten und diese Dialogunfähigkeit als vielleicht bedauerliche, aber unabänderliche Entwicklung für gegeben hinnahmen. Snow äußerte 1959 in seinem viel beachteten Vortrag *The Two Cultures and the Scientific Revolution*[1] die Befürchtung, die eine abendländische Welt, die umfassende geistige Auseinandersetzung mit der Natur werde gespalten und verliere das Ganze aus dem Blick, auf das die sich abzeichnende beschleunigte Spezialisierung aller Wissenschaften notwendigerweise ausgerichtet sein sollte. Snow versah diese Entwicklung mit einer Wertung, wie er sie im Verhalten ihrer jeweiligen Vertreter zu erkennen glaubte: Die "Arts" und ihre Gegenstandsbereiche gehören der Vergangenheit an, sie erzählen als "Literatur" Geschichten und widmen sich dem Gedächtnis; die Naturwissenschaften und ihre Methodik sind dagegen darauf ausgerichtet, die Zukunft in Angriff zu nehmen. Daraus folgt fast selbstverständlich eine Rangordnung: Geisteswissenschaften und ihre Sachgebiete dienen der Bildung, sind schöngeistig, für die Bewältigung der Lebensprobleme braucht es dagegen die Naturwissenschaften und die ihnen angegliederten Ingenieurswissenschaften mit ihren Technologien. Das naturwissenschaftlich-technologische Paradigma dominiert, das schöngeistige, das dem Idealismus hinterherträumt, unterliegt. Die eine Kultur wird gespalten. Arroganz und Unwissen blühen auf beiden Seiten des Grabens. Shakespeare gilt als Kultur, der zweite Hauptsatz der Thermodynamik dagegen nicht, lautet eines von Snows Beispielen.

Two Cultures?

The English physicist, novelist and civil servant who coined the phrase was disturbed to notice that the scholars of science and those of the arts in the senior common room of his Cambridge college had increasingly little to say to each other. They who were to continue the tradition of *artes liberales* in the present saw this inability to communicate as a development that might be regrettable, but was inevitable. In 1959, in his Rede lecture *The Two Cultures and the Scientific Revolution*,[1] which attracted a great deal of attention, Snow expressed the fear that the Western world's single, broadly-based intellectual appreciation of nature was being split. It was losing its view of the whole, which, however, ought to be addressed by the emergent accelerating specialisation in all academic disciplines. In his assessment of this development. Snow adopted the attitudes of those involved: the arts and their field are a thing of the past, they tell stories as "literature" and devote themselves to memory; the sciences and their methods on the other hand are directed at tackling the future. This leads to an inevitable hierarchy: the arts and their topics serve education, they are aesthetic, but the sciences and the engineering disciplines with their attached technologies are needed to deal with the problems of life. The scientific and technological paradigm is predominant, while the aesthetic one, dreaming away about idealism, is inferior. The one culture is split in two. Arrogance and ignorance flourish on both sides of the divide. Shakespeare is considered to be culture, but the Second Law of Thermodynamics is not; this is one of Snow's examples.

This division in the Western intellectual world has hardened in the decades since Snow's diagnosis. The sciences have been happy to live with it; they enjoyed the highest level of social legitimacy, which could be translated directly into status and funding. Anyone who doubted in them was quickly labelled as a backwoodsman wanting to return to the Dark Ages, or at least to retreat to a pre-Darwinian position. The arts found themselves in a peripheral position and legitimised themselves as compensation workers, making society aware of the costs of scientific and technical modernisation. They watch as the great productivity machine that the sciences serve rolls over and flattens individuals, memories and landscapes, and try to contain the collateral damage that progress inevitably brings. They are like the women who cleared rubble away in Germany after the Second World War, sorting through the material heaps of destruction for valuables, with Walter Benjamin's Angel of History looking back at them.

Diese Spaltung der abendländischen geistigen Welt hat sich in den Jahrzehnten nach Snows Diagnose verfestigt. Die Naturwissenschaften lebten damit vorderhand komfortabel; sie genossen höchste gesellschaftliche Legitimation, die sich unmittelbar in Status und Fördergelder umsetzen ließ. Wer sie anzweifelte, galt schnell als Hinterwäldler, der vermutlich ins finstere Mittelalter oder jedenfalls hinter Darwin zurückwollte. Die "Arts" suchten sich ein Plätzchen am Rande und legitimierten sich als Kompensationsarbeit, die die Kosten der naturwissenschaftlich-technischen Modernisierung in den Horizont gesellschaftlicher Wahrnehmung einholt. Sie schauen, wo die grosse Produktivitätsmaschine, die die "Sciences" bedienen, Individuen, Erinnerungen, Landschaften platt walzt, und versuchen, die Kollateralschäden in Grenzen zu halten, die der Fortschritt erzwingt. Sie sind die Trümmerfrauen, die in den Materialhaufen der Zerstörung nach Verwertbarem suchen, auf welche Walter Benjamins Engel der Geschichte zurückschaut.

Wie verhält sich nun George Steinmann in dieser Auseinandersetzung, die er mit seinem Werk *Metalog* aufruft? Er löst zunächst einmal die Diade in eine Triade auf. In seiner grossen Projektionsarbeit stehen sich nicht Geistes- und Naturwissenschaften gegenüber, Architektur und Biologie umlagern die Kunst vielmehr zu einem reichhaltigen Sandwich. Und die einzelnen Bereiche verlieren ihre klare Zuordenbarkeit. Die Architektur von Heikkinen und Komonen in Zusammenarbeit mit HENN Architekten Ingenieure erfüllt selbstverständlich die hohen funktionalen Anforderungen, die ein naturwissenschaftliches Institut an die Räumlichkeiten stellt. Sie ist aber auch mehr als nur Umsetzung der Funktion in gebaute Struktur; sie bezieht sich dialogisch auf die Umgebung, auf die Nähe der Elbe, auf den städtebaulichen Ort, und setzt in Details durchaus auch Analogien zum Tätigkeitsfeld der Nutzer, etwa wenn sie in der Anlage der Treppen die Figur der Doppelhelix evoziert. Diese Architektur weist also neben der Ingenieursleistung auch einen Kunstaspekt auf, wie er der Disziplin seit Vitruv ohnehin zugebilligt wird; galt sie doch bis hin zum Bauhaus immer wieder als „Mutter der Künste", die alle anderen künstlerischen Entäußerungen aufnimmt und magistral zu einer Einheit zusammenführt. Sie sieht sich also mit dem bei Snow scheinbar oppositionellen Feld der Kultur infiziert. Das linksseitige Projektionsfeld, das Steinmann in einem Diagramm zu *Metalog* der Architektur zuweist, beginnt nicht von ungefähr mit

What is George Steinmann's position in this confrontation that he recalls with *Metalog*? First he makes two into three. His large projection does not confront the sciences and the arts with each other: instead, art is surrounded by architecture and biology to form a deep-filled sandwich. And the involved fields lose their sense of clear distinction. It goes without saying that this architecture by Heikkinen and Komonen in cooperation with HENN Architekten Ingenieure meets all the high functional demands that a scientific institution makes on its spaces. But it does more than simply translate function into a built structure; it enters into a dialogue with its surroundings, with its proximity to the Elbe, with the urban location. The details also provide analogies with the users' activities, the staircase evokes the figure of the double helix, for example. And so this architecture is an engineering achievement, but also has an artistic aspect, something the discipline has been allowed to claim ever since Vitruvius; after all, until the Bauhaus it was regularly considered the "mother of the arts", picking up everything relinquished by the others and magisterially fusing them into unity. It even finds itself infected by what Snow sees to be the opposing cultural field. And so it is no coincidence that the left-hand projection field, which Steinmann allots to architecture in a diagram relating to the Metalog, begins with mist constantly changing and dissolving its form. In a comparable way, the field of biology, which is allotted the right-hand projection screen in the diagram, loses its status of analytical superiority within its field. Steinmann shifts a simple reflection of light in the first image so close to an image viewed through a microscope that object and analysis blend with each other almost indistinguishably. And he stresses this ambiguous status by means of the poetic appearance of the image. Scarcely anyone will be able to resist the seductive beauty of light reflected on the water. Giving oneself up to an impression also involves losing distance: it is more like a fusion of object and viewer than an analytical image. But beauty is an imprecise category, at the mercy of the viewer's subjectivity and his sensibilities; while it is accepted in nature and art it constitutes a conspicuously alien view when occuring in the sciences, in the elegance of a proof, for example. Thus the duality of the cultures is overcome here and replaced by the ambivalence of perception.

Three Forms of Perception

In a second step, George Steinmann brings the theoretical adversaries down to the plane of concrete activities. As an artist he sees himself as someone who is perceiving: an expert specialis-

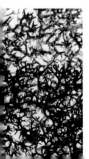

dem ständig seine Form wechselnden und auflösenden Nebel. In vergleichbarer Weise verliert der Bereich der Biologie, dem diagrammatisch die rechte Seite der Projektionswand zugewiesen ist, den Status analytischer Überlegenheit über seinen Gegenstandsbereich. Steinmann rückt dazu gleich im ersten Bild die simple Reflexion von Licht so nahe an ein Mikroskopbild heran, dass Gegenstand und Analyse fast ununterscheidbar ineinander übergehen. Und er betont diesen Status des Zweideutigen durch die poetische Anmutung des Bildes. Der verführerischen Schönheit von Lichtreflexen auf dem Wasser wird sich kaum jemand entziehen. In der Hingabe an die Impression liegt auch Distanzverlust; sie ist eher Verschmelzung von Betrachter und Objekt als sezierender Blick. Schönheit ist jedoch eine unpräzise, der Subjektivität des Betrachters, seinem Empfinden anheim gegebene Kategorie, die man der Natur und der Kunst zubilligt; wo sie in den Naturwissenschaften vorkommt, etwa in der Eleganz eines Beweises, fällt sie als gegenstandsfremde Betrachtungsweise auf. So wird die Zweiheit der Kulturen aufgehoben in der Zweideutigkeit der Wahrnehmung.

Drei Formen der Wahrnehmung

Sodann bricht George Steinmann die theoretischen Gefechtspositionen herunter auf die Ebene der konkreten Tätigkeiten. Als Künstler versteht er sich als Wahrnehmender, als auf Wahrnehmungsweisen, auf die Beschreibung ihrer Funktionsweisen spezialisierter Fachmann, der die Dinglichkeit und Handlungen der einzelnen Disziplinen möglichst präzise zu erfassen sucht. Drei Wahrnehmungsformen lassen sich in den drei Bereichen der Architektur, der Kunst und der Naturwissenschaften zunächst einmal unterscheiden.

Naturwissenschaftliche Erkenntnis ist eine messbare Erkenntnis. Sie weist in aller Regel eine Kette aus Beobachtung, Hypothese, Experiment und Theorie auf, sie ist auf verallgemeinerbare Aussagen angelegt, die sich überprüfen lassen, also beweisbar sein müssen. Der gesellschaftliche Drang nach industrieller Verwertung von Forschungsergebnissen, die Investition großer Mengen Kapitals machen unmittelbar deutlich, wie wichtig eine Verlässlichkeit der Ergebnisse ist. Dazu bedienen sich die Naturwissenschaften seit ihrer neuzeitlichen Konstituierung durch Keppler und Galilei der Beobachtung. Ein Prozess oder eine Situation werden in ihre Faktoren zerlegt, die Variablen isoliert und bis auf die zu erforschende Größe möglichst konstant gehalten. Die Aussagen,

ing in modes of perception and describing the ways in which they function, trying to record the objective quality and actions of the disciplines as precisely as possible. Three forms of perception can be distinguished at first, in the three realms of architecture, art and science.

Scientific insights are measurable insights. As a rule they demonstrate a chain of observation, hypothesis, experiment and theory, relying on statements that can be generalised from and examined, in other words they have to be open to proof. Society's thrust towards industrial exploitation of research, involving the investment of large capital sums, makes it immediately clear how important it is for these results to be reliable. So ever since their modern constitution by Keppler and Galilei the sciences have relied on observation. A process or a situation is broken down into its component parts, the variables isolated and kept as constant as possible up to the quantity being researched. The results are valid for the specific and isolated situation. Perception is focused to the extreme, and the phenomena it is being applied to are detached from their contexts. So on the one hand the world, as offered to our everyday perception, is highly particularised, and on the other hand this also applies to the results that are achieved by scientific perception methods. Scientists are subject to a specialisation dynamic, they become experts in increasingly small fields. This requires linking strategies to combine individual results as well as sets of questions and methods, into a larger patchwork and make more general statements. These communication forms very rapidly gain in significance within a research field, but also between disciplines; physics, chemistry and molecular biology, for example. Thus scientific research is very focused, but it is also broadened out into a very wide field, so that it can identify usable connections and solution strategies in possibly alien fields. Crucially, this methodological interaction requirement is increasingly emerging as a structural characteristic of the cognition object itself. The sections and sequences that molecular biologists and geneticists isolate, for example, show clearly that the interaction of proteins contribute much more to the difference between a human being and a worm than the number of genes, for instance. The interaction of proteins, more than the material base, determines why certain cells regenerate themselves and other do not, why cells in a certain combination form organs and others not.

Architecture's modes of perception embrace a large number of traditional and new media: these include not just sketches, plans and models (right up to 1:1 mock-ups), 3D simulations, urban

die getroffen werden, gelten für die spezifische isolierte Situation. Die Wahrnehmung ist extrem fokussiert, die Phänomene, denen sie gilt, sind aus ihren Zusammenhängen herausgelöst. Dadurch ist zum einen die Welt, wie sie sich unserer alltäglichen Wahrnehmung bietet, stark partikularisiert, zum andern gilt dies aber auch für die Ergebnisse, die durch die naturwissenschaftliche Methode der Wahrnehmung erzielt werden. Naturwissenschaftler unterliegen einer Dynamik der Spezialisierung, sie werden zu Experten in immer kleineren Gebieten. Das erfordert Strategien der Verknüpfung, mit denen sich die Einzelergebnisse, aber auch Fragestellungen und Methoden zu einem grösseren Patchwork verbinden und allgemeinere Aussagen treffen lassen. Diese Kommunikationsformen gewinnen innerhalb eines Forschungsfeldes, aber auch zwischen den Disziplinen, etwa zwischen Physik, Chemie und Molekularbiologie, rasant an Bedeutung. Naturwissenschaftliche Wahrnehmung ist also einerseits extrem fokussiert, sie wird zugleich jedoch auf ein weites Feld ausgedehnt, um in womöglich fremden Feldern Anknüpfungspunkte und Lösungsstrategien zu erkennen, die sich nutzen lassen. Dieses Gebot zur methodologischen Interaktion wird nun, das ist entscheidend, in zunehmendem Maße als Strukturmerkmal des Erkenntnisgegenstandes selbst sichtbar. Die Schnitte und Sequenzen, die beispielsweise Molekularbiologen und Genetiker isolieren, zeigen deutlich, dass die Interaktion von Proteinen viel mehr zum Unterschied zwischen einem Menschen und einem Wurm beiträgt, als etwa die Anzahl der Gene. Die Interaktionen von Proteinen, weniger die Materialbasis, bestimmen, warum sich bestimmte Zellen regenieren und andere nicht, warum Zellen in einem bestimmen Verbund Organe bilden und andere nicht.

Die Wahrnehmungsformen der Architektur umfassen eine Vielzahl tradierter und neuer Medien: Dazu gehören nicht nur Skizze, Plan, Modell (bis zu 1:1 mock-ups), 3D-Simulationen, Studien zur urbanistischen Situation und zum Verhalten von Materialien, sondern immer mehr auch Video und Film als Formulierungen, die auch Zeitverläufe der baulichen Situation einschließen, die Suche nach eigentlich fachfremden Analogien für Entwurfskonzepte, wie beispielsweise molekularer Strukturen aus der Zellbiologie – und natürlich den fertigen Bau. Sie alle dienen dazu, die Bauaufgabe, den Ort und sein Umfeld, die materiellen und geistigen Bedingungen in den Blick zu nehmen, unter denen ein Projekt realisiert

design and material performance studies, but increasingly video and film as well, as media that also include time as a dimension of the building situation. They also include the search for analogies to the design concept alien to the field, like for example molecular cell biology structures. And of course they include the completed building. They all serve to examine the architectural task in hand, the location and its surroundings, the material and intellectual conditions, under which a project is realised. One aim is to enable the building to perform its essential functions, but then also to design the urban or landscape texture in which it stands: to condense this, to make it more precise, to contour it, to correct it and so ultimately to initiate an urban dialogue that enriches the users' lives. Here the artist, much more than the scientist, constantly interacts with specialists from many fields, whom he needs to implement his idea of the building. He is at least as much a communicator, motivator and organiser as a designer of ideas. His perceptions move in many directions, and must always keep an eye on his own ideas.

Art, to a certain extent, is situated between, but also behind, the two fields we have touched on, science and architecture. It is, according to Kant's maxim, free of everyday functional purposes that these have to satisfy. It addresses perception itself. Put simply, in our Western societies, since it was liberated from its representative role serving the aristocracy and religion, art has had to show how we perceive our world. For whatever is measurable in certain fields, perception remains a subjective phenomenon that can neither be finally fixed nor generalised according to certain laws - if we ignore socially determined prescriptions about perception, as laid down by etiquette or dictatorships. This feature distinguishes art from both architecture and the so-called exact sciences. And so perception is much more an object of ex-

George Steinmann
„The Beginner's Mind". Lokaal 01
Breda, NL 1994, Eine 15-tägige
Meditation über Wasser.

"The Beginner's Mind" Lokaal 01
Breda , NL 1994, A 15-days meditation on water.
Photo: Inez Noirot, Rotterdam

wird. Ziel ist es zum einen, die Funktionen zu erfüllen, für die das Gebäude realisiert wird, sodann aber auch, das urbane oder landschaftliche Gewebe, in dem es steht, zu gestalten: zu verdichten, zu präzisieren, zu konturieren, zu korrigieren und so letztlich einen lebendigen Dialog zu ermöglichen, der das Leben der Nutzer bereichert. Der Architekt steht dabei, noch weit mehr als der Naturwissenschaftler, in ständiger Interaktion mit Spezialisten vieler Felder, die er zur Umsetzung seiner Vorstellung des Gebäudes braucht. Er ist mindestens so sehr Kommunikator, Motivator und Organisator wie Entwerfer von Ideen. Seine Wahrnehmung geht in viele Richtungen und muss dabei stets die eigene Vorstellung mit im Blick haben.

Die Kunst steht in gewisser Weise zwischen, aber auch hinter den beiden skizzierten Feldern von Naturwissenschaften und Architektur. Sie ist, gemäß Kants Maxime, frei von den lebensweltlich-funktionalen Zwecken, denen diese genügen müssen, sie macht Wahrnehmung selbst zum Thema. In unseren westlichen Gesellschaften ist es, einfach gesprochen, seit ihrer Freisetzung von repräsentativen Aufgaben in Religion und Aristokratie, Aufgabe der Kunst aufzuzeigen, wie wir unsere Welt wahrnehmen. Wahrnehmung ist, bei allen Messbarkeiten in Teilbereichen, ein subjektives Phänomen, das sich weder endgültig fixieren noch gesetzmäßig verallgemeinern lässt – sieht man einmal von gesellschaftlich bedingten Wahrnehmungsvorschriften ab, wie sie die Etikette oder Diktaturen kennen. Das unterscheidet sie sowohl von der Architektur wie auch von den so genannten exakten Wissenschaften. Wahrnehmung ist deshalb viel mehr Gegenstand der Erfahrung als der Theorie in einem naturwissenschaftlichen Sinn. Der Kunst fällt es zu, mit ihren Erfindungen solche Erfahrungen möglich zu machen, die uns Weisen der Wahrnehmung, ihrer Möglichkeiten wie ihrer Grenzen, bewusst machen.

George Steinmann bringt in seiner Arbeit *Metalog* nun genau diese Eigenart der Kunst zum Tragen. Er macht die unterschiedlichen Wahrnehmungsweisen von Architektur, Naturwissenschaften und Kunst zum Schnittpunkt, in dem sich die verschiedenen Disziplinen berühren, und er übersetzt ihre Erkenntnis- und Arbeitsmethoden in die Dimension der künstlerischen Wahrnehmung. In gewisser Weise nähert er sich ihnen wie der reine Tor der Parsifal-Geschichte, der von ihren Fährnissen und Kämpfen nichts weiß und sich außerhalb ihrer spezifischen Interessen stellt. Das ermöglicht es

perience than of theory in a scientific sense. Art has the task of inventing so that we can have experiences that make us aware of modes of perception, of their possibilities and their limits.

It is precisely this quality of art that George Steinmann brings out in his work *Metalog*. He transforms the different ways of perception of architecture, science and art into an interface where the disciplines touch, and he translates their cognition and working methods into the dimensions of artistic perception. To a certain extent he approaches them like the pure fool of the Parsifal story, knowing nothing of their perils and struggles and placing himself outside their specific interests. This allows him to be astonished, to insist on alien qualities and to look for bridges that make approaches across the gulf possible. He leaves concepts and explanations on one side and always starts with the utterly concrete position at which experience is always directed. And he avoids conclusive statements that are alien to experience as a front-open behaviour mode. Instead he finds general forms in which the disciplines can express themselves and change their shape as experience finds some space for itself. These include a lack of focus, reflections, reversal and associative links. They organise the highly complex flow of images on the three adjacent projection fields.

Images in a Dynamic Steady State

The rising mist in the first shot, to quote an example, is followed by out-of-focus water-drops on a glass pane, while in the central area a pipette starts to place drops of liquid on paper. The paper does not slip, the pipette is the only thing that is moving. In contrast, the outer projections show, doubly and in synch, the same camera movement across the skin of the building; here the facade becomes like a background for the viewer, leading upwards like a film-strip behind the situation in the lab, while the pipette works its way slowly and unsteadily forward, drop by drop.[2] Scarcely has the eye become accustomed to this opposing set of movements when the words "Solid Emptiness" move into the middle from the left-hand screen and link these two fields. Later blades of grass in the wind are placed in mirror image on the right-hand side and in the middle, so that the plant in its natural surroundings becomes a bizarre living ornament, reminiscent of the floral abstractions of Art nouveau, while the left-hand screen shows magnified images of out-of-focus screws. Angles of view, positions and combinations change all the time, and weave the motif fields of the three projections into a dense tissue of images that can only be resolved by destroying its texture. Thus for

ihm zu staunen, Fremdheit festzuhalten und nach Brücken zu suchen, die Annäherungen über die Gräben erlauben. Er lässt Konzepte und Erklärungen beiseite und setzt am ganz Konkreten an, auf das Erfahrung stets gerichtet ist. Und er vermeidet abschliessende Aussagen, die der Erfahrung als einem nach vorne offenen Verhalten fremd sind. Er findet vielmehr allgemeine Formen, in denen sich die einander fremden Disziplinen zeigen und ihre Gestalt verändern können, indem Erfahrung Raum gewinnt. Dazu gehören insbesondere die Unschärfe, die Spiegelung, die Umkehrung und die assoziative Verknüpfung. Sie organisieren den hochkomplexen Fluss der Bilder auf den drei nebeneinander positionierten Projektionsfeldern.

Das Fließgleichgewicht der Bilder

So folgen etwa dem aufsteigenden Nebel der ersten Einstellung unscharf gezeichnete Wassertropfen auf einer Scheibe, während in der Mittelfläche eine Pipette beginnt, Tropfen einer Flüssigkeit auf ein Papier zu setzen. Das Papier verrutscht dabei nicht, einzig die Pipette bewegt sich. Auf den Außenprojektionen dagegen folgt, gedoppelt und synchronisiert, dieselbe Kamerafahrt über das Gitter der Gebäudehaut. Die Fassade wird für den Betrachter zum Hintergrund, der wie ein Bildband hinter der Situation im Labor nach oben führt, während die Pipette sich langsam und unregelmäßig Tropfen für Tropfen nach vorne arbeitet[2]. Kaum hat sich der Blick an diese gegensätzliche Raumbewegung gewöhnt, zieht der Begriff "Solid Emptiness" von der linken Bildfläche in die Mitte und verbindet diese beiden Bereiche. Später ist ein Bild von Grashalmen im Wind rechts und in der Mitte spiegelbildlich angeordnet, so dass aus der Pflanze in der Natur ein bizarr belebtes Ornament wird, das an die florale Abstraktion des Jugendstils erinnert, während das linke Bildfeld unscharf gehaltene Großaufnahmen von Schrauben zeigt. Fortwährend ändern sich Blickrichtungen, Positionen und Kombinationen und verweben die Motivbereiche der drei Projektionen zu einem dichten Bildgewebe, das sich nur auflösen lässt, wenn man seine Textur zerstört. So zeigt etwa, während wir der Kamera über die Fassade hinauf und hinab folgen, ein anderes Bild zugleich Wasser von oben, wandert mit diesem Motiv in die mittlere Position und wird am alten Ort von Laborinnenaufnahmen überlagert, die sich am anderen Seitenrand fortsetzen.

example, while we follow the camera up and down over the facade, another image shows water from above, wanders into the centre position with this motif and at the same time it is superimposed, in its former position, with interior lab shots.

The motifs that George Steinmann shows are directly linked with the building. He followed the construction process through all its stages, for example working for days with a film crew filming materials like cables, pipes and struts that are built into walls and ceilings and can no longer be seen in the finished building, but are revealed again in the *Metalog*. Ants, a water flea and water are reminiscent of nature in the outside world, and especially of the Elbe, which flows past a hundred metres away. Fittings, screws, connections, equipment tell the story of many visits to the Max Planck Institute's labs. Each of the shots that flow silently by can be categorised as either architecture or science, but becoming art makes them mobile, brings them closer to each other, allows them to react to each other associatively. Here microstructures, shown speeded up, soon look as similar as a piece of ground with water trembling over it in the wind. Or cables remind viewers of images of horsetail. The real and the imaginary are combined, giving the subjects, which are very ordinary as such, an aura of mystery that is precisely what architects and scientists try to keep to a minimum in their quest for precision, in other words for certainty. So filigree reflections on water, filmed in reverse, fade imperceptibly into a teeming mass of ants in close-up, itself reminiscent of microscopic images of bacteria. A camera tracking down a water-pipe evokes entry into a germ tract. Steinmann transfers things into artificial images and makes them into motifs in a large visual composition that seems like an improvisation that is free but follows certain rules, as he has done often enough before in the world of sound as a jazz musician and performer.

Steinmann chooses not to use sound here, and he does this entirely to enhance concentration. His first intention was to use a "room of silence" for this purpose. This would have invited employees to withdraw temporarily from their labs and collect themselves meditatively, but this option was not realised when the architects offered roof terraces. Metalog now sets out to sharpen the eye for perception; the work is a precise instrument for training the senses, not an idle distraction. Here art sees itself as a genuine cognitive faculty, operating on the plane of science and technology. With *Metalog* art becomes directly integrating energy. The artificial composition of the images creates a fluid state in which the otherwise separate disciplines come together

Die Motive, die George Steinmann zeigt, stehen in unmittelbarem Zusammenhang mit dem Gebäude. Er hat den Bau über seine Entstehung hinweg begleitet und beispielsweise tagelang mit einem Filmteam Materialien wie Kabelbahnen, Röhren und Gestänge gefilmt, die in Wände und Decken integriert und im fertigen Gebäude nicht mehr zu sehen sind, im *Metalog* jedoch wieder sichtbar werden. Ameisen, Wasserfloh und Wasser erinnern an die Natur draußen, insbesondere an die Elbe, die gerade hundert Meter entfernt vorbei strömt. Mobiliar, Schrauben, Leitungsanschlüsse, Geräte erzählen von Besuchen in verschiedenen Labors der Max-Planck-Gesellschaft. Während sich nun jede der stumm dahinfließenden Einstellungen einem der beiden Bereiche Architektur und Naturwissenschaft zuschreiben lässt, macht der künstlerische Zugriff sie beweglich, nähert sie einander an, lässt sie assoziativ aufeinander reagieren. Da sehen Mikrostrukturen, die im Zeitraffer gezeigt werden, bald so ähnlich aus wie ein Stück Boden, über dem Wasser im Wind zittert. Oder Kabelbahnen rufen im Betrachter Bilder von Schachtelhalmen ab. Reales und Imaginiertes verbindet sich und gibt den für sich alltäglichen Sujets eine Aura des Geheimnisses, die man in Wissenschaft und Architektur gerade minimieren möchte, um größtmögliche Präzision, also Sicherheit zu erhalten. So gehen filigrane Lichtreflexe auf dem Wasser, die solarisiert gefilmt wurden, unmerklich über in ein Gewusel aus Ameisen in Nahaufnahme, das seinerseits wieder an mikroskopische Aufzeichnungen von Bakterien erinnert. Eine Kamerafahrt im Leitungsrohr wird zum Eintritt in die Keimbahn. Steinmann überführt die Dinge in künstliche Bilder und macht sie zu Motiven einer großen visuellen Komposition, die wie eine freie, wenn auch Regeln folgende Improvisation anmutet, wie er sie als Jazz-Musiker und Performer oft genug auch im Tonbereich geschaffen hat.

Wenn Steinmann hier auf die Dimension des Klangs verzichtet, so geschieht das ganz im Sinne einer Konzentration. Ihr hätte in einem ersten Projekt ein Raum der Stille dienen sollen, der zum temporären Rückzug aus den Labors und zur meditativen Selbstbesinnung eingeladen hätte, dann jedoch unrealisiert blieb, als die Architekten Dachterrassen bereit stellten. In *Metalog* soll nun mit den Bildern der Blick für die Wahrnehmung geschärft werden; das Werk ist ein präzises Instrument der Sinnesschulung, keine müßige Ablenkung. Kunst versteht sich hier als genuines Erkenntnisvermögen, das sich auf der Höhe der technischen und der Naturwissen-

in the viewer's perception to form a higher unity, a new whole, showing qualities other than their own.

Thus Steinmann is offering the viewer an insight on the plane of experience that has been postulated in philosophical discourse[3] as a cultural task ever since the nineties: a sophisticated view of science and the arts with their particular fields as two equally valid ways of assimilating the world, bringing them together to make a common culture that needs both in order to be able to survive. In Steinmann's work, the result of this combination is beauty, silence, concentration, taking time to pause and to be open in a relaxed, one could also say friendly, way to things that are happening all around. The world is no longer a functional exploitation network but restored to its quality as appearance. The projection started with a dog, and ends with a woman at the centre. When she goes, she leaves behind an aura of energy drawn from the backlighting that has been focused on her. There is no need to fear that things are being played down: as the dog at the beginning was a homage to Andrei Tarkowsky's film *Stalker*, in which the Russian director made views of life collide, the woman is nothing but a shadow to the viewer, a reminder of the limitations of human perception and cognition, as defined by idealistic Western philosophy ever since Plato's allegory of the cave. History is not leading to a goal, time has more than merely a linear dimension, the very last shot is given back to the dog. The presentation of the video work and the *in situ* picture installation show how compellingly George Steinmann has committed his art to communication. Ironically the new Max Planck Institute in Dresden does not have a single wall that the triptych video could be projected on. It is perfectly adapted for touring, as it comes in the form of highly transportable DVD discs; it was intended from the outset to be shown outside the building and implant the Institute's attitude towards communication in other fields, for example when the video is shown in art institutions or at conferences in art colleges. This has happened in 2002, the year the new building opened, at a symposium at the Hochschule für Kunst, Gestaltung und Konservierung in Bern. The fact that here again there is a role reversal, that a scientific research institution is lending out a work of art that in its turn has the current state of the sciences as its theme, fits in perfectly with the demand for more communication between the disciplines that George Steinmann is so concerned about.

Within the building itself, Steinmann demonstrates his dialogical interactive approach to accentuate the atrium by a large mural as an internal component of *Metalog*. The architects shifted the

schaften befindet. Sie wird im *Metalog* zur unmittelbar integrierenden Energie. Die künstliche Komposition der Bilder schafft ein Fluidum, in dem sich die sonst getrennten Disziplinen für die Wahrnehmung des Betrachters zu einer übergeordneten Einheit, zu einem neuen Ganzen verbinden, das andere Qualitäten aufweist, als sie selbst besitzen.

Damit ermöglicht Steinmann dem Betrachter auf der Ebene der Erfahrung eine Einsicht, die seit den neunziger Jahren im philosophischen Diskurs[3] als kulturelle Aufgabe postuliert wird: die differenzierte Betrachtung von Natur- und Geisteswissenschaften mit ihren Gegenstandsbereichen als zweier gleichwertiger Formen rationaler Weltaneignung und ihre Zusammenführung zu einer gemeinsamen Kultur, die beide Formen braucht, um überlebensfähig zu sein. Das Resultat dieser Verbindung ist, in Steinmanns Werk, Schönheit, Stille, Konzentration, ein Innehalten und eine gelassene, man könnte auch sagen freundliche Öffnung für die Dinge, die ringsum geschehen. Die Welt wird dabei vom funktionalen Verwertungszusammenhang wieder zur Erscheinung. Wie zu Beginn der Hund, so sitzt gegen Ende eine Frau im Zentrum der Projektionen und hinterlässt, wenn sie geht, eine Energieaureole aus dem Gegenlicht, das sie angestrahlt hat. Dass dies eine Verharmlosung sei, ist nicht zu befürchten; denn war der Hund zu Beginn eine Hommage an Andrej Tarkowskijs Film *Stalker*, in dem der russische Regisseur Weltbilder aufeinanderprallen lässt, so ist die Frau für den Betrachter nur als ihr Schatten sichtbar, eine Erinnerung an die Begrenztheit menschlichen Wahrnehmens und Erkennens, wie sie seit Platos Höhlengleichnis die idealistische abendländische Philosophie bestimmt. Die Geschichte führt an kein Ziel, die Zeit hat mehr als nur eine lineare Dimension, die allerletzte Einstellung gehört wieder dem Hund.

Wie stringent George Steinmann seinen Kunstbeitrag der Kommunikation verpflichtet, machen die Präsentation des Videowerks und die Bildinstallation vor Ort deutlich. Ironischerweise verfügt das neue Max-Planck-Institut in Dresden über keine einzige Wand, auf die der Videodreiteiler projiziert werden könnte. Er ist, in der Form höchst transportabler DVD-Disketten fürs Reisen bestens disponiert, von Anfang an darauf ausgelegt, außer Haus gezeigt zu werden, das kommunikative Selbstverständnis des Instituts in andere Bereiche zu implantieren. Dass es dabei wiederum zu einer Rollenumkehrung kommt, dass ein naturwissenschaftliches Forschungsinstitut ein Kunstwerk ausleiht, das seinerseits

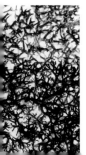

foyer to the centre of the building and opened it up through the full height. The heart of the research institute is not the labs, which are accommodated in the side wings, but the central meeting-place that the employees cross. This has a café encouraging informal conversations, and a canteen that becomes open air at the back, an open reading room and a library with mini-cells for quiet work. There is no doubt that the message of this architecture is communication on all planes. On a second level, and almost imperceptibly, the parallel internal walls on the wing sides of the atrium emphasize the axial symmetry of the design and allude to the reflecting and doubling that are to be found in molecular processes as well. George Steinmann addresses these in the *Metalog* mural as in his video work. He uses an original photograph to reflect a microscopic image of a lichen, and splits this double image down into 24 strips that are arranged on the two end walls in a way that right and left have to intermesh in the viewer's eye to create the whole image. This, however, can scarcely be achieved. The two walls can only be brought together with an eye movement, it is not possible to do so with a single look. And the individual picture strips, which are laminated on anodized aluminium and adjusted to match the concrete shuttering grid, are 60 centimetres high and 3.88 metres wide. The sequence of twelve elements on each side rises to a height of 20.64 metres. Viewers recognise the pictorial principle, and at the same time see that there is a limit placed on making it into an image for themselves. The doubling, reflection and colour reversal of the motif that George Steinmann uses are simple processes in themselves; but they accumulate in such a way as to create a high level of visual complexity. Correspondingly it is scarcely possible to create a definitive image, perception comes to a standstill when faced with the understanding that the interaction of the elements on both sides is indispensable – thus achieving something on the structural plane that is a life principle for the lichen chosen as subject: the lichen exists as a symbiosis of algae and fungi that can only survive if they collaborate in a social alliance. This fits in with the Dresden Max Planck Institute for Molecular Cell Biology and Genetics' self-perception.

An Art of Contextualization

The contextualisation achieved by *Metalog* places the work entirely within George Steinmann's previous œuvre: from his earliest days as a painter this artist and formerly practising building site craftsman has focused on the space in which art becomes open to experience. He always tries to identify something that is

George Steinmann
„Soon the white snow melts"
Kunsthalle Bern, 1981.
Photo: Roland Aellig, Bern

"Soon the white snow melts"
Kunsthalle Bern, 1981.
Photo: Roland Aellig, Bern

wiederum den Status der heutigen Naturwissenschaften zum Thema hat, passt bestens zur Aufforderung zu mehr Kommunikation zwischen den Disziplinen, um die es George Steinmann geht.

Unmittelbar im Gebäude selbst stellt Steinmann seinen dialogisch interaktiven Ansatz mithilfe einer großen Wandarbeit dar, die als interner Bestandteil von *Metalog* das Atrium akzentuiert. Die Architekten haben den Eingangsbereich in die Mitte des Gebäudes gerückt und über die ganze Höhe geöffnet. Das Herz des Forschungsinstituts sind nicht die Labors, die in den abgehenden Seitenflügeln untergebracht sind, sondern die zentrale Begegnungsstätte, die die Mitarbeiter queren, die mit einem Café zum informellen Gespräch einlädt, auf der Rückseite eine ins Freie ausgreifende Kantine bereithält, einen offenen Leseraum anbietet und eine Bibliothek mit Minizellen fürs stille Arbeiten. Kommunikation auf allen Ebenen ist die unzweifelhafte Botschaft dieser Architektur. In zweiter Linie, fast unmerkbar betonen die parallelen inneren Stirnwände an den Flügelseiten des Atriums die Achsensymmetrie des Entwurfs und verweisen auf die Verfahren der Spiegelung und Doppelung, die sich ebenso in molekularen Prozessen finden. George Steinmann macht sie nun wie in seiner Videoarbeit auch in der Wandarbeit *Metalog* zum Thema. Er spiegelt mit einer originalen Photographie das mikroskopische Bild einer Flechte und zerlegt diese Verdoppelung in 24 Streifen, die auf beiden Stirnseiten so angeordnet werden, dass Rechts und Links sich im Auge des Betachters verzahnen müssen, damit das ganze Bild entsteht. Das ist aber kaum zu leisten. Beide Wände lassen sich nur in einer Blickbewegung, nie aber in einem einzigen Blick zusammenbringen. Und die einzelnen Bildstreifen, die auf eloxiertes Aluminium laminiert und auf den Schalungsraster des Betons abgestimmt sind, sind 60 Zentimeter hoch und 3,88 Meter breit. Die Abfolge von zwölf Elementen auf jeder Seite hat eine Höhe von 20,64 Metern. Der Betrachter erkennt das Bildprinzip und erfährt zugleich seine Grenze, es selbst ins Bild umzusetzen. Die Verdoppelung, Spiegelung, und Farbumkehrung des Motivs, die George Steinmann anwendet, sind an und für sich einfache Verfahren; ihre Häufung führt jedoch zu einer hohen visuellen Komplexität. Entsprechend lässt sich kaum ein abschließendes Bild erstellen, die Wahrnehmung hält bei der Unabdingbarkeit der Interaktion der Elemente auf beiden Seiten still und vollzieht damit auf struktureller Ebene nach,

present as a matter of course and has thus disappeared from view: whether he turns a monochrome panel with builders' scaffolding into a metaphor for art as a building site, or cleans the attic storey of a 142-year-old building in the Bümpliz district of Bern for a fortnight before showing a video installation on the chimney, or extracts the minerals from the water of eleven mineral springs, from 1989 and 2000, and processes them into pigments. His art functions to serve cognition. It looks for stoppages and strives to restore them to a steady state. Most famously and perhaps most lastingly so far, this has been done in the Tallinn Art Hall. Its building, erected in 1934 in the Neues Bauen tradition, but badly bombed in 1945, was in urgent need of renovation. George Steinmann took this renovation upon himself. Refurbishing the building in the subsequent period took the place of work on objects; the act of restoration became an exemplary intervention, intended to sharpen and change perceptions of the situation. Many contributions by artists have concerned themselves with the natural sciences for some time now – whether illustratively by representation, or suggesting models by imitation, or ironically by creating analogies. The specific processual character of his work, his active contribution to making social paralysis fluid again, is not the least of the factors that gives a profile to George Steinmann's position among them.

was für das ausgewählte Sujet der Flechte als Lebensprinzip gilt: Sie existiert als Symbiose von Algen und Pilzen, die nur überleben, wenn sie in einem sozialen Verbund kollaborieren. Das entspricht dem Selbstverständnis des Max-Planck-Instituts für molekulare Zellbiologie und Genetik in Dresden.

Eine Kunst der Kontextualisierung

Mit der Kontextualisierung, die *Metalog* leistet, ordnet sich das Werk ganz in George Steinmanns bisheriges Œuvre ein. Denn von seinen malerischen Anfängen an hat der Künstler und baustellenerprobte Handwerker den Raum, in dem Kunst erfahrbar wird, ins Zentrum gerückt. Gleich, ob er ein monochromes Gemälde mit Baugerüst zur Metapher für die Baustelle Kunst machte, ob er in Bern-Bümpliz zwei Wochen lang den Dachstock eines 142 Jahre alten Hauses reinigte, bevor er auf dem Kamin eine Videoinstallation zeigte, oder ob er zwischen 1989 und 2000 die Mineralien aus dem Wasser von elf Mineralquellen herauslöste und zu Pigmenten verarbeitete, stets sucht der Künstler auf etwas hinzuweisen, das selbstverständlich vorhanden und deshalb im Alltag aus dem Blick geraten ist. Seine Kunst hat eine erkenntnisdienliche Funktion. Sie sucht Stockungen, um sie wieder ins Fließgleichgewicht zu bringen. Am bekanntesten und vielleicht auch am nachhaltigsten ist dies bis anhin mit der Kunsthalle Tallinn gelungen. Das Gebäude, 1934 in der Tradition des Neuen Bauens errichtet, jedoch 1945 durch Bomben schwer beschädigt, musste dringend renoviert werden. George Steinmann machte diese Renovierung zu seinem Werk. Das Gebäude wieder herzustellen trat für ihn an die Stelle eigener Objekte; zu restaurieren wurde zu einem exemplarischen Eingriff, um die Wahrnehmung der Situation zu schärfen und zu verändern. Dieser prozessuale Charakter, der aktive Beitrag zur Verflüssigung gesellschaftlicher Erstarrungen ist es nicht zuletzt, der George Steinmanns Position auch unter den vielen Beiträgen profiliert, die sich seit geraumer Zeit – sei es abbildhaft durch Darstellung, modellhaft durch Nachvollzug oder ironisch durch die Schaffung von Analogien – mit Naturwissenschaften beschäftigen.

George Steinmann
„Die Rückkehr des Raumes"
1992–1995, Gesamtrenovation der
Kunsthalle Tallinn, Estland als
nachhaltig wirkende Skulptur.
Photos: Jussi Tiainen, Helsinki
"The Revival of Space", 1992–1995,
Renovation of Tallinn Art Hall,
Estonia, as a sustainable sculpture
Photos: Jussi Tiainen, Helsinki

George Steinmann
„Triadensystem" Kunsthalle Bern,
1989. Photos: Roland Aellig, Bern.

"Triadic System" Kunsthalle Bern,
1989. Photos: Roland Aellig, Bern.

1   Paperback-Ausgabe, hg. u. eingel. v. Stefan Collini, Cambridge University
    Press 1993.
2   George Steinmann hat dieses Verfahren für sich im Nachvollzug ange-
    eignet und im Injektiosverfahren mehrere hundert Blätter, sogenannte
    „Mindmaps" mit Pflanzensaft und Antiseptikum gefärbt.
3   Früh von dem Konstanzer Philosophen Jürgen Mittelstrass, etwa in:
    Glanz und Elend der Geisteswissenschaften, Oldenburg 1989.

1   Paperback edition, ed. and intr. by Stefan Collini, Cambridge University Press
    1993.
2   George Steinmann has reconstructed this process for himself and has by
    injection coloured several hundred sheets with plant juice and antisepticum.
3   At an early stage by the Konstanz philosopher Jürgen Mittelstrass, for exam-
    ple in: *Glanz und Elend der Geisteswissenschaften*, Oldenburg 1989.

*Originalphoto für die
Wandinstallation*
*Original photograph for
wall installation*

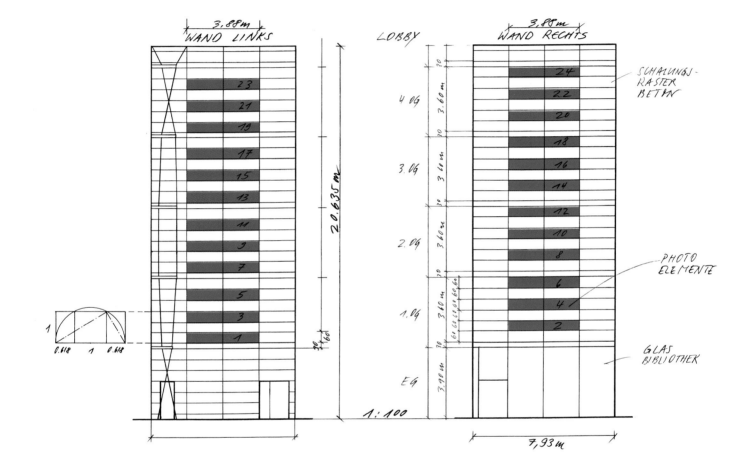

Metalog
Interne Intervention

Metalog
Internal Intervention

Metalog
Eine Foto-Installation im Atrium
Skizze: George Steinmann, 1999

Metalog
A Photo-Installation in the atrium.
Sketch: George Steinmann, 1999

Blick auf die beiden Seitenwände
des Atriums mit Metalog
von George Steinmann
*View of the two front walls of
the atrium with Metalog
by George Steinmann*

Danksagung

Viele Personen haben zur Realisierung des MPI-CBG und dieses Buches beigetragen, und wir sind ihnen allen sehr zu Dank verpflichtet. Unser Dank gilt zuallererst den anderen Direktoren des MPI-CBG, Kai Simons, Joe Howard, Wieland Huttner und Tony Hyman, ohne die beides nicht entstanden wäre. Ihre begeisterte Unterstützung war für dieses Buches ein einzigartiger Impuls. Besonders danken möchten wir Ivan Baines, Teymuras Kurzchalia, Giuseppe Testa und Kai Simons für wertvollen Gedankenaustausch, Anregungen und kritische Lektüre des Textes. Ein besonderer Dank geht ebenso an den früheren Präsidenten der Max-Planck-Gesellschaft, Prof. Hubert Markl, für seine visionäre und tatkräftige Unterstützung beim Aufbau des MPI-CBG in Dresden, und Prof. Klaus Hahlbrock, den ehemaligen Vize-Präsidenten der Biologischen Sektion. Wir danken des weiteren dem ehemaligen Ministerpräsidenten von Sachsen, Prof. Kurt Biedenkopf, dessen Engagement für Dresden und Sachsen großen Anteil am Erfolg des Projekts hatte. Dazu beigetragen hat auch der große persönliche Einsatz der Mitglieder der MPG-Kommission, besonders Prof. Christiane Nüsslein-Vollhard, Dr. Günther Gerisch, Prof. Dieter Oesterhelt und Prof. Klaus Weber, die das Fundament für die Gründung des Instituts legten. Herzlich bedanken möchten wir uns bei dem amtierenden Präsidenten der Max-Planck-Gesellschaft, Prof. Peter Gruss, bei dem amtierenden Vize-Präsidenten der Biologischen Sektion, Prof. Herbert Jäckle, und der Generalsekretärin der Max-Planck-Gesellschaft, Dr. Barbara Bludau, für ihre bisherige und gegenwärtige Unterstützung unseres Instituts. Wir danken dem Rektor der Technischen Universität von Dresden, Prof. Achim Mehlhorn, dem Kanzler Alfred Post und den Professoren der medizinischen und naturwissenschaftlichen Fakultät, die an dieser Stelle gar nicht alle namentlich genannt werden können, für die freundliche Aufnahme des neuen Instituts und ihre bereitwillige Kooperation mit den Wissenschaftlern des MPI-CBG. Der Bauabteilung der Max-Planck-Gesellschaft und besonders Herrn Dr. Braun und Herrn Grömling schulden wir Dank für die fortwährende Hilfe, die sie dem Projekt zuteil werden ließen, ebenso Herrn Eichler für seine großartige Unterstützung und effiziente Tätigkeit während der Planungs- und Bauphase des Instituts. Das Institut ist das Ergebnis einer Kooperation der Architekten Heikkinen – Komonen aus Helsinki und HENN Architekten Ingenieure aus München. Unser besonderer Dank geht an Janne Kentala aus dem Team von Heikkinen – Komonen und Rudolf Röglin von HENN Architekten Ingenieure für ihre hervorragende und sorgfältige Arbeit.

Auch bei Prof. Fotis Kafatos und unseren Kollegen am EMBL Heidelberg und der Universität Heidelberg wollen wir uns bedanken, besonders bei Dr. Otto Bräunling, darüber hinaus bei den Kollegen vom Max-Planck-Institut für biophysikalische Chemie in Göttingen und dem Max-Delbrück-Centrum in Berlin, die uns während der Anfangsphase jede Hilfe zukommen und den Übergang nach Dresden so reibungslos verlaufen ließen. Wir bedanken uns herzlich bei Konrad Müller, dessen Unterstützung bei der Gründung des Instituts so wertvoll war.

Nicht zuletzt möchten wir uns bei Ines Kästner und Sandy Schneider für ihre hervorragende Hilfe bei der Vorbereitung dieses Buches bedanken, ebenso bei Katrin Bergmann und Kostas Margitudis für ihre fotografische Leistung sowie bei Andreas Müller und Bernd Fischer für ihre professionelle und kreative Arbeit in Lektorat und Gestaltung.

Schließlich möchten die Direktoren des MPI-CBG ihren Gattinnen danken, die die Realisierung des MPI-CBG beständig mitgetragen haben. Dieses Buch ist ihnen gewidmet.

Marino Zerial

Acknowledgements

Many people have contributed to the realization of the MPI-CBG and this book and we are profoundly grateful to them. We would first like to acknowledge and thank the other directors of the MPI-CBG, Kai Simons, Joe Howard, Wieland Huttner and Tony Hyman without whom none of this would have been possible. Their enthusiastic support has been an incomparable stimulus for the realization of this book. We are especially grateful to Ivan Baines, Teymuras Kurzchalia, Giuseppe Testa and Kai Simons for valuable discussions, critical reading and precious comments on the text. We would also like to specially thank: the former President of the Max-Planck-Gesellschaft, Prof. Hubert Markl, for his vision and enthusiastic support to establish the MPI-CBG in Dresden and Prof. Klaus Hahlbrock, former Vice-President of the Biological-Medical Section. We are grateful to the former Prime Minister of Saxony, Prof. Kurt Biedenkopf whose dedication to Dresden and Saxony were an essential ingredient to the project's success. Instrumental was the work of the members of the MPG commission, in particular Prof. Christiane Nüsslein-Vollhard, Dr. Günther Gerisch, Prof. Dieter Oesterhelt and Prof. Klaus Weber who laid the ground work for the foundation of the institute. We thank also the current President of the Max-Planck-Gesellschaft, Prof. Peter Gruss, and the Vice President of the Biological-Medical Section, Prof. Herbert Jäckle, as well as the Secretary-General of the Max-Planck-Gesellschaft, Dr. Barbara Bludau, for their past and present support to our institute. We thank the Rector of the Technical University of Dresden, Prof. Dr. Achim Mehlhorn, and the Chancellor Alfred Post and the professors of the faculties of Medicine and Natural Sciences, too many to mention, for their warm welcome and cooperation in establishing links with the MPI-CBG. We congratulate the construction department of the Max-Planck-Gesellschaft and in particular Dr. Braun and Mr. Grömling for the continuous enthusiastic help they have given to the project and Mr. Eichler for his generous efforts and efficient activities during the planning and construction of the institute. The architects Heikkinen – Komonen from Helsinki and the architects HENN Architekten Ingenieure from Munich cooperated to conceive the institute. Our gratitude goes particularly to Janne Kentala from Heikkinen – Komonen and Rudolf Röglin from HENN Architekten Ingenieure for their superb and meticulous work throughout.

We want to thank Prof. Fotis Kafatos and our colleagues at the EMBL Heidelberg, at the University of Heidelberg – especially Dr. Otto Bräunling, at the Max Planck Institute for Biophysical Chemistry in Göttingen and at the Max Delbrück Centre in Berlin for their fantastic support during the initial phase and for making our transition to Dresden so smoothly. We warmly thank Konrad Müller whose support was instrumental during foundation of the institute.

We would also like to thank Ines Kästner and Sandy Schneider for superb secretarial assistance, Katrin Bergmann and Kostas Margitudis for their photographic work in preparation for this book, Andreas Müller and Bernd Fischer who managed the editorial procedures with professionalism and creativity.

Finally, the directors of the MPI-CBG would like to thank their spouses for the continuous support they have given to the realization of the MPI-CBG and this book is dedicated to them.

Marino Zerial

FISHER
FINE ARTS LIBRARY

MAR 4 2003

UNIV. OF PENNA.